Sudhir Kakar

FREUD LESEN IN GOA

Sudhir Kakar

FREUD LESEN IN GOA

Spiritualität in einer aufgeklärten Welt

Aus dem Englischen von Katharina Kakar

Verlag C.H.Beck

Gesetzt aus der Joanna MT und der TheSans
bei Janß GmbH, Pfungstadt
Druck und Bindung: GGP Media GmbH, Pößneck
Gedruckt auf säurefreiem, alterungsbeständigem Papier
(hergestellt aus chlorfrei gebleichtem Zellstoff)
Printed in Germany
ISBN 978 3 406 57072 8

www.beck.de

Inhalt

1
Einleitung

Für lange Zeit wurde der Beschäftigung mit dem Spirituellen in der Psychoanalyse und in der akademischen Psychologie mit Misstrauen begegnet. Auch galt sie als esoterische Aktivität, die man nicht weiter ernst zu nehmen bräuchte. In unserer wissenschaftlich geprägten Geisteshaltung war das Spirituelle nur als Fata Morgana des naiven Blicks existent. Dies war die natürliche Folge des seit der Aufklärung dominierenden rationalistischen Verständnisses vom Menschen.

Heute scheint sich jedoch die Wiederauferstehung der romantischen Vision abzuzeichnen.[1] In der Psychologie unterstreicht der romantische Blick auf das menschliche Leben die Bedeutung des Spirituellen, indem das Leben als Suche aufgefasst wird. Auf dem Weg mag es viele Hindernisse und Schwierigkeiten geben, aber wenn der Suchende beständig bleibt, wird er vielleicht die Vereinigung mit einer höheren Macht oder dem Spirituellen erfahren.[2] Im Gegensatz dazu verhält sich die rationalistische Sichtweise skeptisch gegenüber allen höheren Mächten und hochgesteckten Lebenszielen und vertritt die Auffassung, dass letztendlich alle Götter Tonfüße haben. Auch wird auf einer anhaltenden Trennung von Mensch und Universum, Selbst und Nicht-Selbst bestanden, während die romantische Vision spiritueller ausgerichtet ist und die innige Verbindung allen Seins hervorhebt. Der Rationalist sieht auf die romantische Haltung herab und betrachtet sie als wissenschaftlich falsch, als einen nicht haltbaren philosophischen Versuch des Protests gegen die objektive

Kluft zwischen Geist und Natur. Der Rationalist versteht die Haltung des Romantikers als einen vergeblichen und regressiven Aufstand gegen die «schlechte Nachricht» der Aufklärung … die Getrenntheit.[3]

Ich sollte an dieser Stelle anfügen, dass die Wiederbelebung der romantischen Vision als breitere intellektuelle und soziale Strömung charakteristischer für westliche Gesellschaften ist als für die meisten nichtwestlichen, in denen sie ihre Vorherrschaft über die rationalistische nie ganz verloren hat. Mit der Ausbreitung moderner wissenschaftlicher und technischer Bildung ist die Bewegungsrichtung in der nichtwestlichen Welt eher umgekehrt: Gebildete Berufstätige wenden sich bereitwillig der rationalistischen Vision der Aufklärung zu. Dieser Trend zeigt sich möglicherweise am deutlichsten in China[4] und in etwas geringerem Maße auch in Indien, wo die romantische Vision, einschließlich ihrer Auswüchse in Form von Okkultismus und Aberglauben, nach wie vor ziemlich einflussreich ist.

Doch auch im Westen verschwand die romantische Vision – trotz der Angriffe der Rationalisten und des wissenschaftlichen und technischen Erfolgs der modernen Welt – nie vollständig, sondern bestand in einzelnen Kreisen fort. Um nur einige Beispiele zu geben: In der Philosophie kann man an Kant versus Hume denken, in der Physik an Einstein versus Edward Teller und in meiner eigenen Disziplin, der Psychoanalyse, an Ferenczi und Jung, in jüngerer Zeit auch Kohut, die die romantische Position gegen einen rationalistischen Freud vertraten. In der Anthropologie geht diese Spaltung durch jeden Anthropologen, der sich mit der Kultur, die er untersucht, identifiziert und sie oft auch idealisiert. Nicht selten kämpft er mit dem empirischen Beobachter in sich selbst, um eine Balance zu finden, die, von seiner Lebenserfahrung abhängig, zu einer Schieflage in die eine oder andere Richtung neigt.[5]

Ich bin mir natürlich über die Vereinfachung im Klaren, die die Verwendung solcher binären Begriffe wie «das Romantische» und «das Rationalistische» beinhaltet. Das Romantische und das Rationalistische sind nicht notwendigerweise Gegensätze. Ein komplexer Geist wird von beiden Visionen geleitet: von der romantischen, die der Vernunft eine belebende und «poetische» Sensibilität verleiht, und der rationalistischen, die ihn vor sentimentalen Auswüchsen schützt, für die das Romantische so empfänglich ist. Da der Integration aber stets Differenzierung vorausgeht, ist es durchaus möglich, dass die Aufklärung, die sich von ihrer Vergangenheit abzugrenzen versuchte, indem sie das Romantische ablehnte, nun reif für eine Revision ist, in der die beiden Sichtweisen des Menschen und seiner Welt sich miteinander verbinden.

Was sind solche Zeichen der Erneuerung des Romantischen? Jüngste Entwicklungen in der sozialen Neurowissenschaft und der evolutionären Psychologie heben beispielsweise – wie wir in Kapitel 5 noch sehen werden – einen angeborenen Altruismus im Menschen hervor. Auch das ernsthafte Infragestellen des Modells des *homo oeconomicus* – des Menschen, der aus ökonomischen Interessen egoistisch handelt – kann als ein solches Zeichen der Wiederbelebung des Romantischen betrachtet werden. Derartige Bilanzen unterstützen eher Rousseaus Sichtweise des Menschen als gut an sich, als «edlen Wilden», statt Hobbes' dunklere Visionen des grundsätzlich selbstzentrierten Menschen.

Der sich beschleunigende altruistische Impuls zeigt sich auch im größeren sozialen Umfeld, beispielsweise in dem Gedeihen von NGOs, manche davon – wie «Ärzte ohne Grenzen», Oxfam oder Amnesty International – von globalem Maßstab. Der enorme Anstieg von Spenden für Wohltätigkeitszwecke, die sich nicht auf die eigene Gemeinde beschränken, sondern Menschen und Einrichtungen auf der ganzen Welt unterstützen, sind weitere Wegweiser.[6]

In den westlichen Gesellschaften gibt es eine breite und

sichtbare Suche nach «Authentizität», eine Vorstellung, die eng an das romantische Denken Rousseaus geknüpft ist. Wie der Anthropologe Charles Lindholm gezeigt hat, ist die Suche nach persönlicher und kollektiver Authentizität im modernen Leben allgegenwärtig. Wir suchen sie in den unterschiedlichsten Bereichen wie der Kunst, der Musik, im religiösen Leben und selbst beim Reisen und in der Esskultur.[7]

Wie wirken sich die Wiederbelebung der romantischen Vision und die mögliche Integration von romantischer und rationalistischer Vision auf die überwiegend westliche Disziplin der Psychoanalyse aus? Lassen Sie mich mit einer Anekdote beginnen.

1994 wurde ich mit einer Einladung der Foundation for Universal Responsibility geehrt, einer mit dem Nobelpreisgeld des Dalai Lama gestifteten Institution in Neu-Delhi, die mich zu einem Gespräch mit dem Dalai Lama einlud. Das Thema des Dialogs war buddhistische und westliche Psychologie, und ich wurde als Psychoanalytiker gebeten, den Standpunkt der westlichen Psychologie zu vertreten. Ich erinnere mich sehr lebendig an den Austausch, als das Thema des Hasses aufkam. Ich stellte die orthodoxe psychoanalytische Sichtweise vor: Wenn jemand nicht hassen kann, stimmt etwas mit ihm nicht, wenn er nicht aufhören kann zu hassen, stimmt auch etwas mit ihm nicht. Eine reife Person sollte hassen können, aber auch fähig sein, Hass zu überwinden. «Nein, nein», erwiderte der Dalai Lama, «das ist in der buddhistischen Psychologie nicht so.» Er fuhr dann fort, die Geschichte eines Freundes zu erzählen, eines spirituell fortgeschrittenen Lama, der in einem tibetischen Gefängnis eingekerkert und von den Chinesen gefoltert worden war. Nach vielen Jahren gelang es dem Lama, zu fliehen und Dharamsala – die Heimat des Dalai Lama in Indien – zu erreichen. «Wie war es?», befragte der Dalai Lama seinen alten Freund über die langen Jahre der Gefangenschaft. «Oh, zweimal war es sehr schlimm», antwortete der Lama. «Warst du in Gefahr, dein Leben zu verlieren?», fragte der Dalai Lama besorgt. «Nein, zweimal habe ich die Chinesen fast gehasst.»

Natürlich gilt die psychoanalytische Lesart von Hass für Tibeter genauso wie für Europäer. Der Aspekt buddhistischer Psychologie, den der Dalai Lama hervorhob, war vielmehr eine Einführung des Spirituellen in das Psychologische. Obwohl sich der Begriff der Spiritualität wie der der Kultur vielfältig definieren lässt, haben die meisten von uns dennoch das Gefühl zu wissen, was damit gemeint ist. Für mich besetzt das Spirituelle ein Kontinuum von Selbsttranszendenz, gekennzeichnet durch die liebende Verbindung zu einem Objekt – zur Natur, zur Kunst, zu philosophischen und wissenschaftlichen Vorstellungen, zur liebenden, sexuellen Umarmung bis hin zu mystischen Einheitserlebnissen von Heiligen –, mit der sich das Gefühl des Selbst vollkommen auflöst. Das Spirituelle vereinigt in sich also die transformativen Möglichkeiten der menschlichen Psyche: vollkommene Liebe ohne eine Spur des Hasses, Selbstlosigkeit, die aus dem gewöhnlichen Egozentrismus «herausgemeißelt», eine Furchtlosigkeit, die keine kontraphobische Reaktion vor jener Angst ist, die ein angeborener Teil der menschlichen Psyche ist. Doch spirituelle Transformation ist keine anhaltende Errungenschaft, selbst nicht bei großen erleuchteten Meistern und Heiligen. Sie bleibt beständig von den dunkleren Kräften der Psyche bedroht. Man ist niemals *nicht* menschlich: «Zweimal habe ich die Chinesen fast gehasst.»

Eine Spiritualität, die sich nicht mit der Komplexität und dem dynamischen Wesen der Psyche befasst und diese nicht mit einbezieht, wird daran scheitern, die Menschen, die nicht unheilbar romantisch sind, zu erreichen. Sie wird, um eine geglückte Redewendung des Psychoanalytikers Heinz Kohut zu verwenden, erfahrungsfern statt erfahrungsnah bleiben. Gleichermaßen wird eine Psychologie, die sich mit Freuds Heilungsangebot begnügt, «hysterisches Elend in gemeines Unglück zu verwandeln», und die sich weigert, die Potenziale der Psyche – ihre mögliche Ausweitung in Bereiche des Spirituellen – anzuerkennen, dem modernen Menschen nicht genügend emotionale Nahrung bieten.

Dieses Buch kann also als ein kleiner Beitrag zur Integration von Geist und Psyche in die Psychologie des Menschen verstanden werden. Der «Geist» in diesem Buch umschreibt nicht die «lichte Wolke» des Mystikers, der in ätherischen, geheimnisvollen Regionen der menschlichen Stratosphäre schwebt, sondern eher eine Wolke, die um die Klippen menschlicher Leidenschaften – überwiegend um das Begehren und den Narzissmus – zieht. Es ist ein Buch über das manchmal spielerische, manchmal ernste Zusammenspiel von Geist und Psyche, dem Spirituellen und dem «verfeinerten Grobstofflichen». Es handelt von Momenten der Kreativität und Transformation, in denen der Geist das Feuer des Begehrens kühlt oder das Eis der Egozentrik auftaut. Anhand von religiösen Ritualen, Heiltraditionen – sowohl westlichen als auch östlichen – und den Lebensentwürfen einiger außergewöhnlicher Männer – Osho, Gandhi und des buddhistischen Heiligen Drukpa Kunley – blicke ich in verschiedenen Ansätzen auf solche Momente der Transformation und des Zusammenspiels von Geist und Psyche.

2

Die Kindheit eines spirituell inkorrekten Gurus: Osho

Ich begegnete Rajneesh – der später als Bhagwan («der Gesegnete») und dann unter dem Namen Osho bekannt wurde – erstmals 1971 in dem euphorischen Bericht einer jungen Deutschen, die seit sechs Monaten bei mir in Psychotherapie war und kürzlich seinen Ashram in Poona besucht hatte. Sie sei durch das, was sie dort erlebt habe, spirituell transformiert, verkündete sie, unsicher darüber, ob sie die Therapie bei mir fortführen sollte. Ich war neugierig und auch ein wenig neidisch, nicht notwendigerweise in dieser Reihenfolge. In den folgenden Jahren konnte man den kometenhaften Aufstieg und Fall eines der vielleicht bekanntesten und mit Sicherheit berüchtigtsten Gurus des indischen spirituellen Marktes der 70er- und 80er-Jahre verfolgen.[1] Der Poona-Ashram von Rajneesh war das Zentrum einer spirituellen Bewegung, die sich erfolgreich in Europa, Nordamerika, Australien und Japan ausgebreitet hatte. Es gab einen Zeitpunkt, da waren seine westlichen Anhänger den Indern, die zum «Sex-Guru» oder dem «Guru der Reichen» kamen, wie Rajneesh mitunter bezeichnet wurde, zahlenmäßig sogar überlegen. Seine westlichen Anhänger gehörten überwiegend der sozialen und kulturellen Elite an, waren Mitglieder der europäischen Aristokratie oder als Anwälte, Ärzte, Schriftsteller, Künstler, Akademiker und in ähnlichen Berufen tätig. Bis 1981 wurden über 40 000 Anhänger als «Sanyasins» initiiert. Dabei handelte es sich nicht um die traditionellen, indischen *sanyasins*, die der Welt entsagen, ihre Familien verlassen und das Gelübde ablegen, nichts zu besitzen, um sich vollkommen der spirituellen Suche hinzugeben. Die Verpflichtung, die die «Rajneeshis», wie seine Anhänger genannt wurden, eingehen mussten, beschränkte sich auf die neuen Namen, die Rajneesh ihnen zum Zeitpunkt der Initiation gab, das ausschließliche Tragen orange-roter Farbtöne (die Farben des Sonnenaufgangs, später war es rosa), das Tragen einer Kette mit 108 Perlen und einem Medaillon mit dem Bild des Gurus sowie das Befolgen einer geeigneten Meditationspraxis.

Rajneesh genoss es, die Medien zu schockieren, die es wiederum liebten, von dem hochstirnigen Schlitzohr mit den strahlenden Augen und dem üppigen Bart schockiert zu werden, der von seinen Anhängern für einen der weisesten Männer unseres Zeitalters gehalten wurde. Es zirkulierten gespenstische Geschichten über seinen großflächig angelegten Ashram im Koregaon Park in Poona. Es gab Berichte von Drogenkonsum und immer mehr um sich greifender Prostitution westlicher, weiblicher Sanyasins. Gruppensex-Orgien standen angeblich auf dem täglichen Stundenplan des Ashram. Eine zutiefst konservative, indische Gesellschaft war über die ungezügelten sexuellen Praktiken im Koregaon Park ebenso empört wie über Rajneeshs Verspottung des indischen Establishments und seine Verhöhnung indischer Ikonen. Morarji Desai, der puritanische Premierminister, der 1976 an die Macht kam und zugab, täglich seinen eigenen Urin zu trinken, war ein leichtes Ziel für Rajneeshs Sticheleien. Rajneeshs Anhänger, erfolgreiche und intelligente Menschen, die wie ihr Guru wenig Interesse an Ideologien hatten und keinerlei Respekt vor Autoritäten, mögen seine Beschreibungen von Gandhi als einem «Masochisten», einem «Perversen» und «Hindu-Chauvinisten» genossen haben oder die von Mutter Teresa als einer «Scharlatanin» und «Heuchlerin», einer religiösen Politikerin, die sich aus dem Engagement für die Armen eine Fassade errichtet habe, hinter der sie sich verstecke.[2] Aber viele Inder und wichtiger noch die indische Regierung waren nicht amüsiert. Der Kommune wurden Steuerzahlungen in großer Höhe abverlangt, und es kursierten Gerüchte, dass Ermittlungen über die finanziellen Angelegenheiten des Ashrams eingeleitet würden.

Rajneesh schloss daraufhin den Ashram und siedelte mit seiner Kommune in eine Kleinstadt im Bundesstaat Oregon in die USA um. Er gab dem Ashram nun den Namen *Rajneeshpuram* und verkündete, dass es seine Mission sei, seine Anhänger zu höheren Bewusstseinsebenen zu führen und die Welt zu transformieren. Familie und Politik würden in dieser neuen, von allen gesellschaftlichen Zwängen befreiten Welt überflüssig werden und die Menschen würden in harmonischem Miteinander spirituelle Ziele verfolgen. Den Rajneeshis käme dabei als Kern einer neuen Rasse menschlicher Wesen, die nach dem atomaren Holocaust, den er für das Ende des 20. Jahrhunderts vorhersagte, emporsteigen werde, eine besondere Rolle zu.

Rajneeshs Aufenthalt in Oregon wurde zu einem Desaster. Der Guru zog sich mehr und mehr zurück, nahm Drogen, sah sich in seinem verdunkelten Raum Videos an und tauchte nur ab und an auf, um in einem seiner 92 Rolls-Royce, die seine Anhänger ihm geschenkt hatten, auszufahren. Seine wenigen Vertrauten, die die Kommune in Oregon leiteten, wurden in dem wenig wohlwollenden Umfeld des amerikanischen Westens zunehmend paranoid. Abhörgeräte wurden heimlich in Räumen derjenigen installiert, die man für untreu hielt, Waffen wurden gelagert, zwanghafte und bizarre Maßnahmen gegen AIDS ergriffen. Zuletzt wurde sogar eine Kampagne zur Vergiftung verdächtiger Verräter innerhalb und außerhalb der Kommune veranlasst, von denen man annahm, dass sie dem Ashram gegenüber feindlich gesinnt waren. Als diese illegalen Aktivitäten ans Licht kamen, wurde Rajneeshpuram geschlossen. Rajneesh versuchte, aus dem Land zu fliehen, wurde aber am Flughafen verhaftet. Nachdem er sich zweier schwerer Verbrechen für schuldig erklärt hatte, erlaubte man ihm, das Land zu verlassen. Einige seiner ihm am nächsten stehenden Gefährten kamen ins Gefängnis. Rajneesh kehrte schließlich nach Poona zurück, nachdem seine Bemühungen, den Ashram an anderen Orten aufzubauen, gescheitert waren. Rajneesh, der an verschiedensten Allergien und chronischem Asthma litt, starb 1990 im Alter von 59 Jahren in Poona.

◆

Rajneesh kann als ein Pionier in Bezug auf die Globalisierung von Spiritualität verstanden werden und der «Rajneeshismus» als einer der ersten globalen Markenartikel auf dem spirituellen Markt. Es gab andere indische Gurus vor ihm, die bereits ihre spirituellen Waren in den Westen getragen hatten, aber ihre «Produkte» blieben erkennbar indisch, so wie traditionelles indisches Handwerk, das nur einen spezifischen Nischenmarkt bedient. Rajneeshs «Produkt» wurde zwar dahin gehend vom hinduistischen und buddhistischen Tantra inspiriert, dass der Sexualität eine spirituelle Bedeutung beigemessen wurde, aber seine Methoden waren eher eklektischer Natur. Er entlieh Elemente aus den Heilpraktiken der indianischen Schamanen und der Sufis des Mittleren Ostens wie auch aus New-Age-geprägten psychotherapeutischen Techniken der transpersonalen Psychologie, die in Europa und besonders in den USA zu der Zeit in Mode kam.

Rajneesh war kein «Sex-Guru», obgleich er wie Foucault daran glaubte, dass die Sexualität eines Menschen sein Wesen enthüllt: «[...] die Einstellung gegenüber dem Sex ist eine sehr symbolische Einstellung; sie zeigt alles über dein gesamtes Leben.»[3] Man würde ihm ebenso Unrecht tun zu glauben, dass die Anziehungskraft seiner Bewegung im orgiastischen Sex unter dem Deckmantel spirituellen Strebens lag.

Im Zeitalter einer erblühenden «Gegenkultur»-Bewegung im Westen, gekennzeichnet von einer befreiten Sexualität, «Flower-Power», Marihuana und LSD, brauchte man nicht nach Indien zu reisen und Durchfall und andere Infektionen zu riskieren, nur um mit jemandem ins Bett zu gehen. In sich selbst sei Sex «dumm», beharrte Rajneesh, seine spirituelle Bedeutung läge darin, eine Stille oder ein Ausblenden des Intellekts hervorzurufen, wodurch wahre Meditation erst möglich werde. Der Orgasmus sei eine Tür in die Stille, «in das Geheimnis, dass es kein Geheimnis gibt».[4] Das tatsächliche Ziel des Festmahls waren die Stille und Meditation nach dem Geschlechtsverkehr, obwohl Rajneeshs Kritiker beharrlich die Vorspeise mit dem Hauptgericht verwechselten. Seine andere Bezeichnung als «der Guru der Reichen» war eher zutreffend. Rajneesh war überzeugt, dass nur diejenigen, die wohlhabend seien und sich nicht für die Erfüllung ihrer materiellen Bedürfnisse plagen müssten, offen für ihre spirituelle Natur seien; oder, um ein bekanntes Zitat des deutschen Dichters Bertolt Brecht zu adaptieren: «Erst kommt das Fressen, dann kommt die Moral», erst die Nahrung, dann die Spiritualität.

Rajneeshs «religionslose Religiosität», eine Spiritualität ohne Anhaftung an irgendein Glaubensbekenntnis, verlangte eine Ent-Programmierung oder eine Ent-Konditionierung des Geistes. Sie erforderte eine Transzendenz der persönlichen Vergangenheit durch ein symbolisches Ausradieren der Zeichen auf jener Tafel, die im Verlauf der Persönlichkeitsbildung immer wieder von kulturellen Institutionen wie Familie, Schule und offiziellen Religionen überschrieben wurde. Rajneeshs Philosophie der Befreiung unterstreicht eine Verwerfung aller konventionellen Werte. Sie hob unmittelbare, ekstatische Erfahrungen hervor, ein Wissen, ausgelöst von intensiven Gefühlen (daher die Bedeutung der Sexualität), und ein Handeln in der Welt nach dem Motto: «Sei total egoistisch». In etwas schmackhafteren Worten von

Rajneesh besagt diese Maxime, «die grundlegendste und wichtigste Verpflichtung ist, sich selbst zu lieben».[5] Damit unterscheidet sie sich stark von den meisten anderen spirituellen Richtungen. Eine der bekanntesten Ikonen gegenwärtiger Spiritualität, der Dalai Lama, sagt schlicht und einfach: «Seinen eigenen Bedürfnissen Aufmerksamkeit schenken verursacht Leid, die Bedürfnisse anderer in Ehren zu halten spendet Glück.»[6] Der Palast der Spiritualität hat wahrhaft viele Räume.

Rajneesh nutzte unterschiedlichste Techniken, um den Geist von seinen Konditionierungen zu reinigen. Die wichtigste, mit der er seine Mission 1971 begann, war die «Dynamische Meditation». Zur Begleitung rhythmischer Musik und vorzugsweise in Gegenwart des Gurus ließen die Jünger ihre Körper in jeder Form, die ihnen beliebte, tanzen und kreisen. Sie schrien, lachten, schluchzten, rollten sich auf dem Boden, bis ein koordinierter Höhepunkt mit starken sexuellen Obertönen erreicht war.[7] Dem folgten gemeinsame Atemübungen und ein stilles Sitzen in Meditation. Moderne Geister können nicht durch alte meditative Verfahren, die Schweigen und Unbeweglichkeit erfordern, beruhigt werden, behauptete Rajneesh. Der ungestillte Geist muss explodieren, in einer Explosion, die alle aufgestauten Emotionen herauslässt. Erst nach einer solchen aktiven Befreiung kann der moderne Mensch einen Zustand natürlicher Stille erreichen.

Über die Jahre wurde das Repertoire durch weitere Techniken ergänzt, die auf die Aufhebung sozialer Zwänge und die Auflösung der persönlichen Identität zielten. Westliche Psychotherapeuten unterschiedlicher Richtungen – Praktizierende der Körperarbeit nach Wilhelm Reich, der Gestalttherapie, der Urschrei-Therapie und anderer humanistischer Therapien, die sich mit der «Gegenkultur» des Westens in den 70er- und 80er-Jahren entwickelt hatten – schlossen sich Rajneesh an. Ihnen wurde im Ashram die Möglichkeit geboten, noch wirksamere Methoden zu erproben, die das «wahre, innere Selbst» enthüllen sollten. «Therapieintensive» Gruppen, in denen es auch zu Gruppensex kam, waren Teil des Angebots. Häufig, wenn der Deckel vom brodelnden Kessel der Triebe gelüftet wurde, wüteten in diesen quasitherapeutischen Gruppen offene Gewalt und ungezügelte Sexualität, die nicht selten zu körperlichen Verletzungen und psychischen Traumata führten. Aber mehr noch als der Philosophie Rajneeshs oder den Erfahrungen, die seine Anhänger in den Therapiegruppen machten, wurde der Präsenz des Gurus die Macht zugeschrieben, Menschen in Ekstase zu versetzen, in der sie alle Grenzen zu transzendieren vermochten. Seine Fähigkeit, euphorische Zustände in seinen Anhängern auszulösen, bestärkte deren Überzeugung von seiner Heiligkeit, die ihn gegenüber Skeptizismus und Unglauben unangreifbar machte.

Es gibt keinen Zweifel daran, dass Rajneesh eine faszinierende, charismatische Gestalt war. Es war ein Charisma, das mit großem Charme durchsetzt war, eine unwiderstehliche Verbindung. Während Charisma fasziniert und Ehrfurcht einflößt, wirkt Charme – der (auch etymologisch) mit Magie und Zauber verbunden wird – verführend. Fast alle, die seine Diskurse hörten – seine Jünger genauso wie Ungläubige –, bezeugten seine Ausstrahlung, die sie (die Skeptiker wohl nur zeitweise) in Bann zog und verzauberte. Rajneeshs Stimme und insbesondere seine Augen, die Wärme und Humor ausstrahlten, wurden sehr häufig als «hypnotisierend» beschrieben. In einer Studie über Rajneeshs Charisma gab Charles Lindholm eine lebendige Beschreibung der Wirkung, die der Meister auf sein Publikum ausübte: «Seine Auftritte waren eindrucksvolle Improvisationen, die sich ohne Unterbrechung oder Zweifel zwischen hoch abstrakten philosophischen Überlegungen und obszönen Witzen oder rassistischen Bemerkungen bewegten, mit denen er sein Publikum schockieren wollte. Die Faszination seiner Zuhörer hatte auch mit seinen sich schnell wandelnden Stimmungslagen zu tun, seinem Tonfall und den dramatischen Pausen, seiner mächtigen Rhetorik [...]. Während er sein Publikum mit seiner Stimme liebkoste, seine Gefühle und seine Rhetorik sich beständig wandelten, benutzte er seine ausdrucksvollen Hände, um seinen Bemerkungen zusätzliches Gewicht zu verleihen. Rajneesh gab den Gläubigen das Gefühl, sie auf eine höhere Ebene der Existenz zu führen, sowohl unmittelbar als auch transzendent.»[8] Rajneesh bereitete sich auch gezielt auf seine öffentlichen Auftritte vor, so wie es Schauspieler für eine Rolle tun. In seinem späteren Leben benutzte er Make-up, trug kostbare Roben, die seine breiten Schultern betonten, und juwelengeschmückte Kappen, die seinen kahlen Kopf verbargen. Der Schauplatz seiner Diskurse war ebenso umsichtig vorbereitet wie die Auswahl der Musik und seine dramatische Ankunft und Abfahrt in einem seiner Rolls-Royce. Der Widerspruch zwischen dem Authentischen und dem Theatralischen in Rajneeshs Charakter ist nur einer von vielen des von Widersprüchlichkeiten strotzenden Mannes. Er wird von seinen Anhängern als außerordentlich warm, aber auch unnahbar beschrieben, als jemand, der zu großer Empathie fähig war, aber genauso völlige Gleichgültigkeit demonstrierte. Er konnte von bissiger Grausamkeit sein, wie wir an seinen Kommentaren über Gandhi und Mutter Teresa gesehen haben. Hin und wieder war er aber auch zu Großmut und aufrichtiger Bewunderung fähig. Der «Masochist» Gandhi hatte beispielsweise «ein wunderschönes Lächeln» und «eine enorme Fähigkeit, den Puls von Millionen Menschen gleichzeitig zu fühlen».[9] Über den Philosophen und Mystiker Jiddu Krishnamurti äußerte Rajneesh, dass seine übermäßigen intellektuellen Fähigkeiten zwar bei allen, die ihm zuhörten, Migräne auslösten, er aber auch der Autor von *Einbruch in die Freiheit* sei, «einem der großartigsten Bücher, die jemals geschrieben wurden».[10]

Rajneeshs eigene Bücher, insgesamt über vierhundert,

die von Jüngern aus seinen Reden zusammengestellt wurden, bekunden eine breite Gelehrsamkeit eklektischer Natur. Sie sind sehr lesbar, oft poetisch und humorvoll. Mit eindrucksvollen Einsichten versehen und dramatischen Parabeln veranschaulicht, zeigen sie sein Talent als Geschichtenerzähler. Jedoch haben seine Bücher viele Ideen von Philosophen und spirituellen Lehrern aus aller Welt entliehen, die Rajneesh sich freizügig aneignet, ohne auf ihre Urheber zu verweisen. Daneben finden sich auch einige befremdliche Behauptungen wie die, dass Hindus lange vor Kolumbus in Nord- und Südamerika gewesen seien und dass Arjuna, der berühmte Bogenschießer aus dem großen indischen Epos Mahabharata, mit einem mexikanischen Mädchen verheiratet gewesen sei.[11]

Es gibt eine Vielzahl weiterer Widersprüche. So wies Rajneesh beispielsweise alle Autorität zurück und predigte vollkommene Freiheit, übte aber selbst totalitäre Kontrolle über seine Jünger aus. Und obwohl er als Messias der sexuellen Liebe auftrat, der den Geschlechtsverkehr zwischen Männern und Frauen als höchsten Ausdruck der Lebenskraft pries, beobachtete er gerne heimlich Paare beim Sex – insbesondere Frauen – und masturbierte vorzugsweise emporstrebende weibliche Jüngerinnen mit großen Brüsten, wie ihm nahestehende Anhänger berichteten.[12] Rajneesh war tatsächlich einer der Menschen, über die William James schreibt, dass sich in ihnen ein überragender Verstand mit «psychopathischem Temperament» verbindet, der Genies hervorbringt, «die nicht bloße Kritiker und Versteher mit ihrem Intellekt bleiben. Sie sind von ihren Ideen besessen und drängen sie – zum Guten oder Schlechten – ihren Mitmenschen oder ihrer Zeit auf.»[13]

Rajneesh war sich seiner Widersprüchlichkeit natürlich vollkommen bewusst und genoss sie im Grunde genommen sehr. Für ihn war Beständigkeit ein Merkmal der Dummheit. Er mag zwar anstößig gewesen sein, aber selten töricht.

Wenn es einen Charakterzug in seiner Persönlichkeit gab, der ohne Widerspruch auskam, dann war das seine wahrhaft überzogene Selbsteinschätzung, ein erstaunlicher Größenwahn, zumindest seine öffentlichen Erklärungen und seine öffentliche Person betreffend. Gewöhnlich fühlen wir uns von Prahlerei, Aufgeblasenheit und Geringschätzung anderer, in denen sich der übertriebene Narzissmus einer Person offenbart, abgestoßen. Ein Prahler irritiert uns, wir fühlen seinen Mangel an Sensibilität uns gegenüber, wenn er sich in Selbstbewunderung ergeht. Wir fühlen – und zwar mit Recht –, dass er uns lediglich als Spiegel benutzt, um das Abbild seines idealisierten Selbst aufrechtzuerhalten, etwas, das er für sein Gefühl des Wohlbefindens braucht. Rajneesh allerdings blieb sich seines Publikums immer bewusst. Viele seiner unwahrscheinlichen Behauptungen und fantastischen Geschichten über seine Vergangenheit und seine «früheren Leben» wurden – wie wir später noch sehen werden – zuerst im Kreis seiner engsten Jünger erzählt, die daran glaubten, dass «Bhagwan (Rajneesh) [...] auf allen Straßen gereist ist, auf allen Haupt- und Nebenwegen, die jedem Menschen über die Epochen offenstehen. Er hat alle Rollen gespielt, alle Spiele durchschaut, alles getan, ist überall gewesen, und nun ist er ein lebendes Beispiel vollkommener Erfüllung.»[14] Eine solche Anmaßung führt bei jemandem mit durchschnittlichem Talent meist zu großer Frustration darüber, dass seine Grandiosität nicht erkannt und ihm von der «Gesellschaft», den «Feinden», dem «Schicksal» oder sonst jemandem das Gebührende versagt wird. Bei einem Menschen wie Rajneesh jedoch, der überdurchschnittliche Begabungen und einen, wie es scheint, unerschütterlichen Selbstglauben hatte, kann übersteigerter Größenwahn ausschlaggebend für die Ausformung einer «messianischen Gestalt» sein.[15]

Grandiosität war seit seiner frühesten Kindheit ein Teil von ihm und blieb es bis zum Ende seines Lebens («Aber es gab nichts, worüber ich hätte bescheiden sein müssen», hört man Rajneesh mit frechem Schalk in den Augen protestieren). Ich will hier nur ein Beispiel anführen – Rajneeshs Darstellung seiner Geburt und seiner «früheren Leben». Demnach war er auch in seinem letzten Leben vor siebenhundert Jahren ein großer spiritueller Meister. Suchende von überall her versammelten sich um ihn. Drei Tage bevor er sterben oder vielmehr aus dem Kreislauf der Wiedergeburten befreit werden sollte, wurde er von einem seiner Jünger ermordet (der Mann war angeblich auch in diesem Leben einer seiner Sanyasins im Ashram). Rajneesh behauptete, in tiefer Meditation gewesen zu sein, als er in seinem letzten Leben starb. «Ich starb mit Bewusstsein, daher hatte ich die ausgezeichnete Gelegenheit, bewusst geboren zu werden. Ich wählte meine Mutter und meinen Vater aus. Tausende Schwachköpfe haben rund um den Erdball zu jeder Zeit Sex. Millionen ungeborener Seelen sind bereit, in irgendeinen Mutterleib einzugehen, welchen auch immer. Ich habe siebenhundert Jahre auf den richtigen Augenblick gewartet, und ich danke dem Sein, dass ich ihn fand. Siebenhundert Jahre sind gar nichts verglichen mit den Millionen von Jahren, die noch kommen […]. Ich wählte das Paar, einfache Leute aus einem Dorf. Ich hätte Könige und Königinnen wählen können. Es lag in meinen Händen. Alle möglichen Mutterleiber waren bereit, aber ich bin ein Mann des einfachen Geschmacks: Ich bin stets mit dem Besten zufrieden.»[16]

Die anderen Leben von Rajneesh waren nicht weniger adelnd. Nochmals siebenhundert Jahre früher war er ein großer Freund von Bodhidharma gewesen, dem berühmten buddhistischen Mönch aus dem 7. Jahrhundert, der den Buddhismus nach China und Japan gebracht hatte. Die zwei sollen drei Monate miteinander gereist sein, und obgleich Bodhidharma ihn bat, bei ihm zu bleiben, verließ Rajneesh ihn, um seine eigenen Wege zu gehen. «Bodhidharma konnte es nicht fassen. Nie zuvor hatte er jemanden eingeladen. Er war der Mann, der selbst den Kaiser Wu abwies, als sei der ein Bettler. Den größten Kaiser der damaligen Zeit, mit dem größten Reich.»[17] «Meine Anhänger sind die glücklichsten Menschen auf Erden», sagte Rajneesh, «weil selbst Jesus sehr schnell wiedergefunden werden kann. Immer wieder gibt es Menschen, die erleuchtet werden. Aber einen Mann wie mich zu finden, der in Tausenden Leben Tausende Wege gegangen ist und der wie eine Honigbiene den Duft von Millionen Blumen gesammelt hat, ist schwierig.»[18]

Wenn ich nun zu Rajneeshs früher Kindheit komme, um die Umrisse der inneren Welt dieses faszinierenden Mannes zu verstehen, eines Mannes, der zu seinem eigenen moralischen Takt marschierte, eines *homo spiritus* trotz seiner vielen Widersprüchlichkeiten, wunderlichen Geschichten und Affronts gegen die konventionelle Moral, dann mache ich das nicht aus einem psychoanalytischen Reflex heraus. Rajneesh selbst hätte zugegeben, dass man sein besonderes Genie nicht verstehen kann, ohne die Beschaffenheit seiner frühesten Erfahrungen zu erfassen. «Die ersten sieben Jahre sind die wichtigsten im Leben, man wird nie wieder so viele Möglichkeiten haben», sagte er. «Diese sieben Jahre bestimmen deine siebzig Jahre, alle Fundamente werden in diesen sieben Jahren gelegt.»[19] Oder, an anderer Stelle: «Sofern du den Keim nicht erkennst, wirst du den Baum und die Blüten und möglicherweise den Mond zwischen den Zweigen nicht sehen.»[20]

Doch als ein Psychoanalytiker, der mit Biografien mehr deutend als historisch umgeht und der sich mit den versteckten Bedeutungen von Kindheitserlebnissen befasst, muss ich auch meinem professionellen Dharma treu bleiben und über die Fakten seines Lebens hinausgehen, um direkt ins Herz dieses Mannes zu schauen. Die Suche einer psychoanalytischen «Wahrheit» schränkt meine Bewunderung für Rajneesh nicht ein, die allerdings ohne die Idealisierung und Ehrfurcht eines Anhängers auskommt. Ich respektiere sein religiöses Genie, bin mir aber seiner menschlichen Unzulänglichkeiten bewusst und nehme daher auch Nietzsches Warnung an die Gelehrten der Religionen im Zeitalter der Säkularisierung sehr ernst, nämlich «[...] wie viel Naivität, verehrungswürdige, kindliche und unbegrenzt tölpelhafte Naivität liegt in diesem Überlegenheits-Glauben des Gelehrten, im guten Gewissen seiner Toleranz, in der ahnungslosen schlichten Sicherheit, mit der sein Instinkt den religiösen Menschen als einen minderwertigen und niedrigeren Typus behandelt, über den er selbst hinaus-, hinweg-, *hinauf*gewachsen ist [...].»[21]

Rajneeshs Kindheitserinnerungen *Glimpses of a Golden Childhood* sind aus Notizen seiner Reden aus dem Jahr 1981 zusammengestellt. Dies waren informelle, weitschweifige Reden innerhalb des kleinen Zirkels von vier oder fünf seiner intimsten Vertrauten, die er liebevoll seine «Arche Noah» nannte. Da die Erinnerungen nicht gemeinsam mit Rajneesh zusammengestellt wurden, sondern sich auf das gesprochene Wort seiner Reden stützen, sind sie nicht gut geordnet. Tatsächlich wirken diese Erinnerungen häufig wie freie Assoziationen: «So spreche ich. Ich weiß nicht, wie der nächste Satz lauten wird oder ob er überhaupt sein wird. Spannung ist wunderschön.»[22] Wie der Psychoanalytiker George Moraitis bemerkt, neigt gesprochene Sprache – im Gegensatz zum Geschriebenen – zu häufigeren Wiederholungen und losen Assoziationen und stellt daher verborgene Gedanken stärker heraus.[23] Wir sehen das bei Rajneesh zum Beispiel in der beständigen Wiederholung der Zahl sieben, die schon auf den ersten fünfzig Seiten des Textes an unterschiedlichen Stellen auftaucht, als ob sich diese Zahl seinem Bewusstsein und seiner Sprache aufzwingen würde. Der Jünger, der Rajneesh vor *sieben*hundert Jahren in einem früheren Leben tötete, gestand ein, dass er wiedergekommen sei, um ihn – *sieben* Jahre nachdem er Sanyasin geworden ist – auch in diesem Leben zu töten (S. 15). Rajneeshs Vater war ein armer Mann, der nur *sieben*hundert Rupien hatte, als der Sohn geboren wurde

(S. 18). Ein berühmter Astrologe, der zu ihrem Dorf kam, weigerte sich, Rajneeshs Horoskop anzufertigen, da er nicht glaubte, dass das Kind seinen *siebten* Geburtstag überleben würde (S. 25). Darüber hinaus würde ich spekulieren, dass die Sieben auch deshalb so bedeutsam für Rajneesh ist und sich in seine Kindheitserinnerungen in den unterschiedlichsten Kontexten eingeschlichen hat, weil sie eine Assoziation zum Verlust seines geliebten Großvaters darstellt, der starb, als Rajneesh *sieben* Jahre alt war. Sein Tod bereitete Rajneeshs goldener Kindheit, die *sieben* Jahre gewährt hatte, ein Ende.

◆

Als Säugling wurde Rajneesh seinen mütterlichen Großeltern übergeben, die den Wunsch geäußert hatten, den erstgeborenen Enkel aufzuziehen – eine nicht ungewöhnliche Angelegenheit im damaligen Indien. Sein *Nana* und seine *Nani* waren folglich die einzigen Eltern, die er in seinen ersten Lebensjahren kannte. Tatsächlich soll er seine leibliche Mutter später stets *Bhabhi* – Schwägerin – genannt haben, da der Platz der Mutter in seinem Herzen und in seinem Kopf von der bemerkenswerten Großmutter besetzt war.

In Rajneeshs Erinnerungen an die Jahre mit seinen Großeltern und die Zeit in ihrem Dorf ist ein Hauch Wehmut spürbar. Obwohl viele Details dieser Erinnerungen nicht miteinander vereinbar sind (Rajneesh war in seiner Willkürlichkeit nie ein Sklave der Tyrannei von Fakten), wird in seinen Geschichten eine emotionale Wahrheit hörbar. Sie transzendiert alle Irritationen, die seine spielerische Fantasie auslöst – eine Fantasie, mit der er unwahrscheinliche Vorkommnisse und Begegnungen erfindet, die nicht stattgefunden haben können. Eine Autobiografie ist ein Mythos, den wir von uns selbst erschaffen und von dem wir wünschen, dass andere ihn glauben. Es ist nicht so, dass ein Autobiograf nicht darum bemüht wäre, die Wahrheit zu sagen, aber sein Bemühen um die Wahrheit wird von der unbewussten Macht des menschlichen Narzissmus untergraben. Das höchste Gebot der autobiografischen Ausflüge in die Vergangenheit scheint zu sein, dass die Erinnerungen unseres Lebens unserem Selbstwertgefühl keinen wirklichen Schaden zufügen. Ungeachtet einiger bewundernswerter Ausnahmen ist dies das nicht wahrgenommene Geheimnis aller Autobiografien … und das der Neurosen. Dieses Gebot verbietet Rajneesh, in seinen Lebenserinnerungen auch nur das kleinste Risiko einzugehen, das zu einer Bedrohung seiner Selbstachtung werden könnte. Ein innerer Zensor, der bedrohliche Erinnerungen am Tor des Bewusstseins zurückweist, achtet gewissenhaft darauf, dass Rajneeshs Projekt der Verherrlichung des eigenen Selbstbildes keinen Schaden nimmt.

«Meine Kindheit war golden. Und ich benutze hier kein Klischee. Jeder sagt, dass seine Kindheit golden war, aber das stimmt nicht. Die meisten Menschen denken, dass ihre Kindheit golden war, weil ihr eine so jämmerliche Jugend folgte; ihr Alter ist oft sogar noch jämmerlicher […]. Aber meine Kindheit war mit Sicherheit golden – nicht symbolisch, sondern absolut golden; nicht poetisch, sondern buchstäblich, wirklich […]. Diese Jahre sind unvergesslich. Selbst wenn ich Dantes Paradies erreiche, werde ich mich an diese Jahre noch erinnern.»[24]

Das Dorf Kuchwada in Madhya Pradesh, in dem Rajneesh aufwuchs, war klein und abgelegen, ohne Bahnstation, Post, Schule oder Arzt. Es hatte einige Strohhütten, und das einzige Ziegelhaus gehörte Rajneeshs Großeltern. Durch den goldenen Dunst seiner Erinnerungen erscheint es als ideale Welt, frei von Konflikten und Unruhe. «Das Dorf war schön», sagte er, «ich bin weit gereist, aber ich bin nirgends einer vergleichbaren Schönheit begegnet. […] Dinge kommen und gehen, aber es ist nie das Gleiche.»[25] Umgeben von kleinen Hügeln, hatte das Dorf einen alten Teich mit jahrhundertealten Bäumen.

«Niemand könnte diesen Teich beschreiben außer Basho. Selbst er beschreibt den Teich nicht, sondern sagt einfach, *der alte Teich / Frosch springt hinein / plopp!* [...] und die Frösche sprangen tatsächlich; tagein und tagaus konnte man wieder und wieder das ‹plopp› hören. Das Geräusch springender Frösche diente der vorherrschenden Stille. Dieses Geräusch machte die Stille reicher, bedeutungsvoller [...]. Aber die Stille dieses alten Teiches bleibt in mir.»[26]

Raja («König»), wie der kleine Junge von seinen Großeltern genannt wurde, war der Herrscher in dieser kleinen Welt. Rajneesh erinnert sich, dass seine Geburtstage in der gleichen Weise gefeiert wurden wie die eines Königs. Sein Großvater mietete angeblich einen Elefanten aus einer nahe gelegenen Stadt und füllte zwei große Säcke, die auf jeder Seite des Elefanten hingen, mit Silbermünzen. Der kleine Junge ritt dann auf dem Elefanten durch das Dorf und warf dem ehrfurchtsvollen Volk Silbermünzen zu. Auf jede mögliche Art und Weise wurde Raja «die Idee vermittelt, zu einer königlichen Familie zu gehören».[27]

Rajneesh kann sich nicht daran erinnern, dass der kleine Raja jemals diszipliniert wurde, ganz gleich welche Dummheiten er machte. «Den ganzen Tag saß er [der Großvater] auf seinem *gaddi* – wie der Sitz eines reichen Mannes in Indien genannt wird –, weniger um seinen Kunden zuzuhören als denjenigen, die sich [über mich] beschwerten. Doch er sagte ihnen gewöhnlich: ‹Ich bin bereit, für jeden Schaden, den er angerichtet hat, aufzukommen, aber denkt daran, ich werde ihn nicht bestrafen [...]› Manchmal sagte ich: ‹Nana, du kannst mich bestrafen. Du brauchst nicht so tolerant zu sein.› Und könnt ihr es glauben, er weinte dann! Tränen stiegen in seine Augen, und er sagte: ‹Dich bestrafen? Das kann ich nicht tun. Ich kann mich bestrafen, nicht aber dich.›»[28]

Raja war ein einsames Kind. Er spielte nicht mit den anderen Kindern des Dorfes, die von seinen Großeltern als «schmutzig» und sozial minderwertig betrachtet wurden. «Sieben Jahre lang konnte deshalb niemand versuchen, meine Unschuld anzutasten. Die drei alten Menschen, die im Haus lebten, der Diener und meine Großeltern, beschützten mich auf jede nur erdenkliche Weise, damit niemand mich störte.»[29] Rajneeshs Großmutter nahm diese Aufgabe besonders ernst, wenn sie auch seine nachsichtigste Beschützerin war. Empfindsam, schön und stark – oder starrköpfig – bestand sie darauf, dass Raja in Ruhe gelassen wurde und sich sein natürliches Wesen unbeeinflusst von den Erwachsenen entfalten konnte. Für kurze Zeit wurde ein Privatlehrer engagiert, aber nach einem Muster, das sich über die Jahre seines Heranwachsens wiederholte, stellte das Kind den Lehrer erst bloß, um danach selbst Lehrer des Mannes zu werden. Am Ende einer jeden solchen Begegnung wurde Rajas Einzigartigkeit und Überlegenheit herausgestellt und gefeiert, ohne dass er sich je von einem Erwachsenen formen ließ – weder von hoch geschätzten Jaina-Mönchen noch von Schullehrern, Professoren oder dem Universitätsrektor, die anfänglich annahmen, für den Jungen eine Autorität zu sein. «So habe ich», sagt er, «ohne es überhaupt zu wissen, den Geschmack des Tao erlebt. Lao Tzu sagt: ‹Tao ist der Weg des Wassers. Das Wasser fließt einfach abwärts, wo immer die Erde es zulässt.› So waren diese frühen Jahre. Ich durfte. Ich glaube, jedes Kind braucht diese Jahre. Wenn wir diese Jahre jedem Kind in der Welt geben könnten, könnten wir eine goldene Welt erschaffen.»[30]

Wenn Rajneesh seinen Großvater als ein Inbild bedingungsloser und passiver Liebe erinnerte, war die Liebe seiner Großmutter, der Nani, aktiv und voller Energie: «[…] meine Großmutter half mir enorm. Mein Großvater liebte mich, aber konnte mir nicht sonderlich helfen. Um hilfreich zu sein, benötigt man mehr – eine gewisse Stärke. Er hatte immer Angst vor meiner Großmutter. In gewisser Hinsicht stand er unter ihrem Pantoffel.»[31] Rajneeshs Nani war die regierende Herrscherin seiner Seele, eine besonders schöne, «starke Frau, sehr stark». Der Großvater, gutmütig und vollkommen nachsichtig, war Königsgatte im Hintergrund. Nichtsdestotrotz verkörperte der Großvater eine Nische der Stille, er war der ruhende Pol in der Psyche des kleinen Jungen – ein notwendiger Zufluchtsort vor der ungestümen Macht der schönen Nani: «Schönheit geht stets mit zwei Eigenschaften einher: Sie ist mutig und gefährlich.»[32]

Einfach, ungebildet und dennoch unabhängig, hatte seine Großmutter im Alter von 24 Jahren geheiratet, und zwar aus Liebe – beides beispiellos im Indien des frühen 20. Jahrhunderts, als Mädchen im Alter von neun oder zehn Jahren mit Jungen verheiratet wurden, die die Familie ausgesucht hatte. Rajneesh berichtet von vielen Vorfällen, bei denen sie ihn ermutigte, rebellisch zu sein und alles zu wagen – beispielsweise einem ehrwürdigen Jaina-Mönch die Tür zu weisen, wenn er es so wollte. Sie erzählte dem Jungen von Khajuraho, ihrem Geburtsort und Ort berühmter Tempel mit erotischen Reliefs, die noch immer die Macht haben, eine sexuell konservative Gesellschaft zu schockieren. In Rajneeshs Jugendjahren gab sie ihm Geld zum Trinken, Rauchen und um Prostituierte aufzusuchen, wenn er es wünschte. Erlebe alles ohne Angst, schien ihre Mitteilung zu sein, wenn sie ihn aufforderte, nach «verrückterer Musik und stärkerem Wein» zu suchen, um in Tolstois Worten zu sprechen. Sie malte dem Kind die Aussicht auf zukünftige Größe aus: «Vielleicht konnte sie etwas in mir sehen, dessen ich mir in der Zeit nicht bewusst war. Vielleicht liebte sie mich deshalb so sehr [...] ich weiß es nicht.»[33] Rajneesh selbst sagte über seine Beziehung zur Großmutter: «Ich sah nie eine schönere Frau als meine Nani. Ich war in sie verliebt und liebte sie ihr gesamtes Leben. Als sie im Alter von achtzig Jahren starb, bin ich nach Hause geeilt und sah sie dort liegen, tot [...]. Sie dem Feuer zu übergeben war die schwierigste Aufgabe, die ich in meinem Leben bewältigen musste. Es war so, als würde ich eines der schönsten Gemälde von Leonardo oder Vincent van Gogh anzünden. Natürlich war sie für mich viel wertvoller als die Mona Lisa, schöner als Kleopatra. Das ist keine Übertreibung. Alles Schöne in meinem Sehen kommt irgendwie durch sie. Sie hat mir auf jede erdenkliche Weise geholfen, so zu sein, wie ich bin. Ohne sie wäre ich vielleicht ein Ladenbesitzer oder vielleicht ein Arzt oder Ingenieur [...].»[34]

Die besondere Nani schenkte ihrem angebeteten Raja, «dem König meines Herzens», einen – in Nabokovs Worten – «unwirklichen Ort», an dem nichts jemals schiefgehen kann. Dieser psychische Zustand eines Kindes ließe sich literarisch folgendermaßen beschreiben: «Du wurdest beschützt wie ein König auf seinem Thron [...]; und die Landschaft jenseits, mit ihren kunterbunten Ereignissen, wurde zum höchst unterhaltsamen Spektakel, wo alles, was geschah, unerwartet und aufregend war, aber nichts falsch laufen konnte; als ob deine Mutter dir eine Geschichte erzählte und diese Bilder nur Illustrationen wären, die in deinem zuhörenden Geist Gestalt annehmen.»[35]

Nichts konnte schiefgehen, und doch ging alles schief. Der geliebte Großvater starb, als Rajneesh sieben Jahre alt war, und die goldene Kindheit fand ein abruptes, traumatisches Ende. Der Junge kehrte zu seinen Eltern in eine Kleinstadt mit einer Großfamilie zurück. Er wurde mit dem Geschrei und den unvermeidbaren Konflikten in einer großen Familie konfrontiert, nicht zu sprechen von den Anforderungen, die von der Schule und anderen Institutionen der Gesellschaft an ihn gestellt wurden und deren Normen er sich anzupassen hatte. So erzählt Rajneesh beispielsweise: «Ich wurde fast gewaltsam gezwungen, zur Schule zu gehen. Und es war keine einmalige Sache, sondern eine alltägliche Routine. Einer meiner Onkel oder wer auch immer brachte mich hin und wartete draußen, bis der Lehrer mich in Besitz nahm – als ob ich ein Gegenstand oder ein Gefangener gewesen wäre, den man von einer Hand zur nächsten reichen konnte.»[36] In der Schule «war es Alltag, fast eine tägliche Gewohnheit, dass ich zum Direktor geschickt wurde, um bestraft zu werden. Der Klassensprecher brachte mich dorthin, und ich wurde gefragt, was ich heute getan hätte. Aber nach und nach hörte der Direktor auf zu fragen. Ich ging dorthin, und er bestrafte mich, indem er mir ins Gesicht schlug, und das war es dann. Er fragte nicht einmal mehr, was ich Falsches getan hatte.»[37] Wieder war es die Nani, die dem Kind half, seine misshandelte Seele vor unwiderruflichem Schaden zu schützen. Nach dem Tod des Großvaters verließ die Großmutter Kuchwada und zog in ein kleines Haus in der Stadt, so dass sie in der Nähe von Raja sein konnte. Rajneesh verbrachte die Nächte bei ihr, damit sie «nicht allein und einsam» war, und vielleicht wichtiger noch, damit er es nicht sein musste, auch wenn er das nicht zugab. Sie linderte die Verletzungen des Tages und spiegelte sein grandioses Selbst, das nun unter starkem Angriff der Realität stand. Sie half ihm, den psychischen Auftrieb und die Kreativität seiner Kindheit ins Erwachsenenalter zu retten.

Ich möchte hier nicht auf den offensichtlichen psychoanalytischen Schlussfolgerungen herumreiten – der Herausbildung einer zutiefst narzisstischen Persönlichkeit, die auf Kindheitserlebnissen beruht, einer Persönlichkeit, die für ihre eigenen Anliegen hochempfindsam ist und gleichzeitig ein überzogenes Bedürfnis hat, das bewusste Erlebnis eines grandiosen Selbst aufrechtzuerhalten. Alle kleinen Kinder gehen durch eine Phase des erhöhten Narzissmus. Mit Glück lassen sie diese Entwicklungsstufe in einer langsamen, untraumatischen Weise hinter sich und gehen mit einigen bestärkenden Triumphen daraus hervor: Humor, Kreativität, Freude am ästhetischen Empfinden und Optimismus. Wenn aber die Nachgiebigkeit der Eltern und ihre Rückspiegelung sehr stark war und ein Kind ein solches Nest plötzlich und auf traumatische Weise verlassen muss – wie im Falle

Rajneeshs –, ist die Wahrscheinlichkeit hoch, dass ein Entwicklungsstopp in dieser frühen Lebensstufe einsetzt. Die Sehnsucht nach dem verlorenen Paradies der Kindheit, in der ein grandioses Selbst in Symbiose mit idealen Eltern existierte, wird das zentrale Motiv in der Psyche, es wird zum Hauptthema im unbewussten Leben eines Menschen. Rajneeshs mehr oder weniger bewusste Haltung, «Ich bin großartig. Ich laufe allein. Ich brauche niemanden. Andere brauchen mich», wird zu einer Schablone für seine späteren Beziehungen zu anderen. Er benötigte nicht nur Schüler und Anhänger, um sich in seiner fiktiven Selbstwahrnehmung bestätigen zu lassen, sondern wurde auch anfällig für immer wiederkehrende Schübe regressiver Sehnsucht. In der Zeit, in der er mit ihm besonders nahestehenden Schülern Kindheitserinnerungen teilte, spielte er beständig ein altes Lied von Noorjahan, einem berühmten Urdu-Sänger der 1930er- und 40er-Jahre. Er hörte sich dieses Lied Tag und Nacht an:

Ob du dich erinnerst oder nicht / einst gab es leidenschaftliche Liebe zwischen uns / du sagtest mir / du bist die schönste Frau der Welt / ich weiß nicht, ob du mich heute noch erkennen würdest / vielleicht erinnerst du dich nicht, aber ich erinnere mich / ich kann die leidenschaftliche Liebe und die Worte, die du mir sagtest, nicht vergessen / du sagtest, deine Liebe sei untadelig / erinnerst du dich? / vielleicht nicht – aber ich erinnere mich / natürlich nicht an alles / die Zeit hat viel Schaden angerichtet / ich bin ein verfallener Palast / aber wenn du genau hinschaust / bin ich immer noch derselbe / ich erinnere mich noch an die leidenschaftliche Liebe und an deine Worte / diese leidenschaftliche Liebe, die es zwischen uns gab / ist es noch in deiner Erinnerung oder nicht / ich weiß nichts über dich / aber ich habe die Erinnerung noch.[38]

In dem Lied, das Rajneesh häufig vor sich hin sang, finden sich ein gebrochenes Herz, Sehnsucht und Andeutungen des Verrats alter Versprechen. Ist das Lied an seine Nani gerichtet? An seine verlorene Kindheit? An die Flüchtigkeit der Liebe? Oder vielleicht an sie alle? Wir können hier das Wesen seiner zutiefst traurigen und entbehrungsreichen Psyche fühlen – einen Aspekt seines Selbst, der von seinem Bewusstsein getrennt ist. Starke Abwehrmechanismen drängen das Auftauchen seines depressiven Kerns zurück, der dennoch manchmal durch die Schutzmauern zu brechen vermag. Gelegentlich nimmt er sogar die gesamte Persönlichkeit Rajneeshs ein, wie es während seiner psychischen Zusammenbrüche in der Jugend geschah, insbesondere während des langen Zeitraums psychischer Desintegration im Alter von 21 Jahren, die seiner spirituellen Erleuchtung vorausging.

Im Gegensatz zu dem liebenswerten Narzissmus des Kindes und seinem Verlangen, im Zentrum der Aufmerksamkeit zu stehen, ist das übersteigerte Selbstwertgefühl des Erwachsenen, das dem Stadium des infantilen Narzissmus verhaftet blieb, durchsetzt mit erhöhter Aggression. Im Fall von Rajneesh drückte sich dies in Geringschätzung, Arroganz und häufiger Abwertung anderer aus, insbesondere anderer religiöser Lehrer und spiritueller Meister. Für Rajneesh waren sie alle nutzlose *bullshitter*, keine heiligen Männer, sondern «heiliger Dung». Swami Muktananda, einen indischen Guru mit großer Gefolgschaft, bezeichnete er als «Idiotananda».

Rajneesh identifizierte sich mit einem grandiosen Selbst und dessen großartiger Zukunft. Er war ohne Freunde aufgewachsen und hatte daher nie gelernt, Kompromisse mit den Bedürfnissen anderer zu schließen. Hinzu kam die Überaufmerksamkeit seiner Großeltern, in der er sich sonnte. Dies waren Bedingungen, die eine Verinnerlichung eines «Nein» unmöglich machten und beim kleinen Raja zu einem Mangel an jeglicher Selbstdisziplin führten. Rajneesh war daher relativ frei von bewussten und unbewussten Einschränkungen, die die wilde, manchmal manische Überschwänglichkeit seiner Psyche hätten in Schach halten können. Schuldgefühle und Gewissensbisse, die dazu dienen, das Verhalten gewöhnlicher Sterblicher zu regulieren, waren auffallend abwesend. Die Zurückeroberung eines «erinnerten», vollkommenen Zustands der Freiheit ist der Kern seiner spirituellen Botschaft, die er mit Gelehrsamkeit, rhetorischer Begabung und vor allem durch Überzeugung vermittelte, denn Rajneesh war selbst dort gewesen.

«Seid also nicht besorgt über das, was ihr macht; denkt nur an eine Sache: was ihr seid. Dies ist eine große Frage nach dem Tun und Sein. Wenn euer Sein richtig ist, und mit richtig meine ich glückselig, still, friedvoll, liebend, dann ist alles, was ihr macht, richtig. Dann gibt es keine Gebote für euch, außer dem einen: Seid so vollkommen, dass sich in der absoluten Vollkommenheit kein Schatten bilden kann. Dann könnt ihr nichts falsch machen. Mag auch die ganze Welt anderer Meinung sein, das macht nichts, was zählt, ist allein euer eigenes Wesen.»[39]

Der Tod seines Großvaters und das damit einhergehende Ende seiner goldenen Kindheit waren nicht nur entscheidend für den Verlauf von Rajneeshs psychischer Entwicklung. Dieses Trauma zementierte das grandiose Selbst fest in seiner Psyche und war auch ausschlaggebend, seine spirituellen Bestrebungen zu erwecken und ihnen Form zu verleihen. Rajneesh kommt auf das tief traumatische Erlebnis des Todes immer wieder zurück. «Ich war ihm so nahe, dass sein Tod mir wie mein eigener erschien. [...] Beim ersten Angriff des Todes auf meinen Großvater verlor er seine Sprache. Vierundzwanzig Stunden warteten wir alle im Dorf, dass etwas passierte. Aber es gab keinerlei Verbesserung. Ich erinnere mich, wie er sich anstrengte, etwas zu sagen, aber es ging nicht. Er wollte etwas erzählen, konnte aber nicht sprechen. Deshalb mussten wir ihn auf einem Ochsenkarren in die Stadt bringen. Langsam, einer nach dem anderen, verließen ihn die Sinne. Er starb nicht sofort, sondern mühsam und qualvoll. Erst verließ ihn die Sprache, dann konnte er nichts mehr hören. Als Nächstes schloss er seine Augen. Ich beobachtete alles auf das Genaueste, und wir hatten eine lange Strecke von 32 Meilen zu bewältigen. Was da geschah, verstand ich damals nicht. Es war der erste Tod, dessen Zeuge ich war, und ich begriff noch nicht einmal, dass er im Sterben lag. Aber langsam schwanden ihm alle Sinne, und er wurde bewusstlos. Als wir nahe der Stadt waren, war er bereits verloren. Er atmete noch drei Tage, erlangte sein Bewusstsein aber nicht mehr wieder. Er starb im Koma. Der langsame Verlust seiner Sinne und schließlich sein Sterben haben sich sehr tief in meine Erinnerung eingegraben.»[40]

Wie traumatisch das Hinscheiden des Großvaters für das Kind gewesen sein muss und welche Kämpfe seine Psyche ausfocht, die begleitenden Ängste und die radikale Umstrukturierung, die der Tod ihr abverlangte, zu verarbeiten, wird in Rajneeshs außergewöhnlichen Reaktionen auf das Ereignis deutlich. Es gibt unter Psychoanalytikern eine Übereinstimmung darüber, dass Kinder nicht die gleichen Trauerprozesse wie Erwachsene durchleben, bei denen eine langsame und schmerzvolle emotionale Ablösung von der verstorbenen Person erfolgt. Die Reaktion von Kindern auf den Tod eines Elternteils in der Kindheit ist nicht die der Trauer, sondern eine komplexe Folge von Abwehrphänomenen mit dem Ziel, die Realität des Ereignisses zu verleugnen. Eine unbewusste Verleugnung, das Herausfiltern der Gefühle von Trauer und Verlust («Es kann nicht schlecht sein, wenn ich mich nicht schlecht fühle!») und andere Reaktionen wie Verherrlichung und Idealisierung des toten Elternteils sowie unbewusste Fantasien einer Wiedervereinigung sind einige der gewöhnlicheren Reaktionen.[41] Rajneesh allerdings ging weit über diese normalen Reaktionen hinaus. Als größeres Kind und in der Jugend war es seine Gewohnheit, Toten, die zum Verbrennungsplatz getragen wurden, zu folgen. Menschen sterben zu sehen wurde zu einem Hobby: «Sobald ich hörte, dass jemand im Sterben lag, ging ich dorthin … und ich saß da und schaute zu.»[42] Rajneesh ahmte sogar den Todeszustand nach, ging nachts zu Verbrennungsplätzen und legte sich dort bewegungslos wie eine Leiche für Stunden hin, um – wie der Psychoanalytiker sagen würde – die Wiedervereinigung mit dem Großvater zu erlangen.

Sieben Jahre später, im Alter von vierzehn Jahren und in der Überzeugung, dass er selbst sterben müsse, nahm er sich *sieben* Tage schulfrei. Er ging zu einem alten, abgelegenen Tempel am Stadtrand und legte sich dort wie ein Toter hin. Spirituell können seine Reaktionen auf den Tod des Großvaters als Versuche der Loslösung betrachtet werden, und Rajneesh deutet sie in der Tat so: «Sein Tod befreite mich für immer von allen Beziehungen … immer wenn meine Beziehung zu einem anderen Menschen intim wurde, starrte mich dieser Tod an.»[43] Der heilige Johannes vom Kreuz hielt eine derart radikale Loslösung für unentbehrlich, um auf dem spirituellen Weg zu wandeln: «Die Seele kann von der heiligen Vereinigung nicht besessen werden, solange sie sich nicht von der Liebe irdischer Wesen gelöst hat.»[44] Im Einvernehmen mit einer moderneren, skeptischeren Empfindsamkeit beteuert der Dichter T. S. Eliot, dass Losgelöstheit nicht eine Wahl, sondern die einzige verfügbare Möglichkeit ist, wenn menschliche Beziehungen gescheitert sind: «Ein Mensch vereinigt sich nicht mit dem Universum, solange er etwas anderes hat, mit dem er sich vereinigen kann.»[45]

Spirituell fand die wichtigste Episode in Rajneeshs Leben weitere *sieben* Jahre später statt, als er einundzwanzig Jahre alt war und einen lang andauernden psychischen Zusammenbruch erlitt, seine «dunkle Nacht der Seele». Es war eine Zeit, die Rajneesh als einen «nervösen Zusammenbruch und Durchbruch» beschrieb und die zu einer Geburtsstunde wurde, aus der er als spiritueller Meister hervorging. «Während eines Jahres ahnte ich nicht, was passieren würde … allein mich am Leben zu halten war schwierig, da ich keinerlei Appetit mehr hatte. Tage vergingen, ohne dass ich Hunger verspürte, Tage vergingen, ohne dass ich Durst hatte. Ich musste mich zwingen zu essen, zwingen zu trinken. Meinen Körper spürte ich so wenig, dass ich mich verletzen musste, um zu fühlen, dass ich noch in meinem Körper war. Ich musste meinen Kopf gegen die Wand schlagen, um zu fühlen, ob mein Kopf noch da war oder nicht. Erst wenn es schmerzte, war ich wieder ein wenig im Körper. [...] Dieser Zustand hielt ein ganzes Jahr an. Ich lag einfach auf dem Boden und starrte an die Decke. Dabei zählte ich von eins bis hundert und wieder zurück von hundert bis eins. Wenigstens in der Lage zu sein, zu zählen, war schon etwas.»[46]

Die Träume vom Fliegen, durch die ein grandioses Selbst häufig seine Vollkommenheit zur Schau stellt,[47] gaben denen des Fallens nach, die die Zersetzung seines Selbst spiegelten, so wie Ikarus von den Höhen mit zu Asche verbrannten Flügeln herabstürzte: «Ich war in einem Zustand äußerster Dunkelheit. Es war, als sei ich in einen tiefen, dunklen Brunnen gefallen. In jenen Tagen träumte ich sehr oft, dass ich fiel und fiel und immer tiefer in einen Brunnen ohne Boden stürzte. Und oft wachte ich [...] völlig durchnässt aus einem Traum auf, weil das Fallen endlos war, ohne Grund und Boden, auf den ich meine Füße irgendwann hätte aufsetzen können. [...] Mein Zustand war angespannt, voller Unsicherheit und Gefahr.»[48] Und dann, wie es von so vielen Mystikern auf der ganzen Welt berichtet wird, brach die spirituelle Morgendämmerung im schlimmsten Moment des Zusammenbruchs an – nach «sieben Tagen, [die] ich in einem sehr hoffnungslosen und hilflosen Zustand verbracht hatte». Da war sie, «die Gegenwart einer vollkommen neuen Energie; ein neues Licht und neue Freude wurden so intensiv, dass es fast nicht zu ertragen war, als ob ich explodieren würde, als ob ich vor Glückseligkeit verrückt werden würde.»[49]

Spirituelle Transformation erschüttert die Körper-Geist-Einheit stark, stellt aber das psychische Mobiliar nicht vollständig um. Unsere Psyche, die sich von unserer Geburt an fortlaufend entwickelt und die physiologisch tief in die neuronalen Schaltkreise des Gehirns eingebettet ist, kann nicht einmal durch das mächtigste mystische Erlebnis ausgelöscht werden. Letzteres mag neue neuronale Wege schaffen, allerdings ohne die alten auszuradieren. In zahllosen angstbesetzten und gestressten Alltagsmomenten und speziell während langer Perioden psychischen Stresses wird automatisch auf die früheren Netzwerke zurückgegriffen. Rajneeshs «Jahrestags-Reaktionen» auf den Tod des Großvaters beispielsweise verschwanden nicht mit seiner «Erleuchtung». Vielmehr begleitete ihn die psychische Einwirkung dieses Todes mit erkennbaren Auswirkungen durch sein gesamtes Leben. Es gab am Ende der Sieben-Jahres-Zyklen weitere «Jahrestags-Reaktionen», von denen möglicherweise die am besten dokumentierte aus dem Jahr 1981 stammt – dem Jahr, in dem Rajneesh sich besonders detailliert an seine Kindheit erinnerte. In jenem Jahr war er 49 Jahre alt und verlegte seinen Ashram von Poona nach Oregon in die USA. Vor dem Umzug zog er sich verstärkt zurück, zeigte sich nur selten in der Öffentlichkeit, während sich sein körperlicher Zustand – Diabetes, Asthma und unterschiedliche Allergien – verschlimmerte.

Ich bin mir darüber im Klaren, dass manche Leser Rajneeshs Darstellung seiner spirituellen Reise anzweifeln werden. Zieht man seinen Ruf als talentierter Fabulierer in Betracht, ist es naheliegend, anzunehmen, dass große Teile dieser Reise wahrscheinlich erfunden sind – zusammengestellt aus zahlreichen mystischen Texten, die im Dienst seiner lebendigen Vorstellungswelt stehen, und unter Einsatz vieler literarischer Kniffe. Persönlich habe ich keine Schwierigkeiten damit, unvereinbare Ansichten über Rajneeshs spirituelle Erleuchtung nebeneinander bestehen zu lassen. Anders ausgedrückt, als Schriftsteller, der fasziniert ist von dem spirituellen Schicksal seiner Romanfiguren, glaube ich, was ich als Psychoanalytiker natürlich nicht glaube, nämlich dass Rajneesh tatsächlich sein Tal des Todes durchschritten hat, bevor er in ein spirituelles Licht eintauchte. Zugleich fragt sich der skeptische Psychoanalytiker in mir, ob Rajneesh sich nicht lediglich in einer langen, klinischen Depression befand, die in eine hypomanische Episode mündete.

Heutzutage, wo man aufgrund besserer Informationen einen intimeren Zugang zu den Lebensgeschichten von Heiligen und spirituellen Meistern gewinnen kann, als es durch Hagiografien möglich war, zeigt sich, dass der Geist, selbst wenn er emporsteigt, sich der Schwerkraft des Narzissmus, der Aggressionen und des Begehrens in der Psyche niemals ganz entziehen kann. Wesentlich für *unseren* Blick ist jedoch, sich der Aussicht des *Aufstiegs* des Geistes zu widmen und nicht der oft wiederholten Tragödie seines Falls.

3

Der Heilige und die Verführung: Die Legende des Drukpa Kunley 1. Teil

In den Weltreligionen ist der Heilige eine archetypische Figur des Glaubens. Anders als der Priester, der eine Verkörperung der Festigkeit des Glaubens mit ihrer Erstarrung und ihrem Festhalten an Dogmen ist, verbildlicht der Heilige die Möglichkeiten menschlicher Freiheit. Ob nun der heilige Franziskus von Assisi oder Teresa von Ávila in der christlichen, Milarepa in der tibetisch-buddhistischen oder Mira Bai in der hinduistischen Tradition, der Heilige offenbart das andere Gesicht des Glaubens, nämlich des Glaubens als Quelle der Freude, der Wunder und der Ehrfurcht. Trotz seiner menschlichen Schwächen und oft eigenartigen, häufig an das Bizarre grenzenden Verhaltensweisen fühlt sich der Heilige der Erweiterung des menschlichen Potenzials verpflichtet. Daher verdient er die genaue Aufmerksamkeit und sogar die Bewunderung des Analytikers.

Geht man von der berufsbedingten Orientierung des Analytikers aus, ist es selbstverständlich, dass der Konflikt des Heiligen mit dem Begehren – ein Konflikt, der uns allen gemeinsam ist – für ihn von besonderem Interesse ist.

Begehren ist für den Analytiker mehr als Lüsternheit. Es umfasst Elemente der Sehnsucht, der Wünsche wie auch der Lust und der Trieberregung.

Für viele Heilige nimmt dieser Konflikt jedoch eine ganz besondere Intensität und Resonanz an, die sich später nachhaltig auf ihre spirituelle Entwicklung auswirkt. Die Begegnung mit dem Begehren steht im buddhistischen wie auch im hinduistischen Tantra stark im Vordergrund, obwohl die erotische Sprache, mit der vergleichbare Erlebnisse in anderen religiösen Traditionen beschrieben wurden, auf eine Universalität dieses Phänomens schließen lässt, da es sich in vielen Lebensgeschichten von Heiligen wiederfindet. Dies ist eine solche Geschichte.

◆

Im Jahr 1480 n. Chr. kehrte ein junger Tibeter, Kunga Legpa'i Zangpos, in der gesamten Himalaja-Region inzwischen als Drukpa Kunley bekannt, nach Jahren beschwerlicher, mönchischer Ausbildung nach Hause zurück. Er war 25 Jahre alt.[1]

In den Jahren seiner Ausbildung hatte der stets frühreife Kunley sämtliche Lehren der tibetisch-buddhistischen Kagyü-Linie gemeistert und folgte ihnen gewissenhaft. Nach seiner Erleuchtung legte er seine mönchischen Roben ab, gab systematisches Yoga und Meditation auf und entschied sich, das Wanderleben eines umherziehenden Bettlers zu führen. Es ist dieses Leben voller sexueller Abenteuer, Lebenslust, Magie und dem «Erwachen» von Menschen, die ihm auf seinen Reisen begegneten, was Kunley zum Kulturhelden Bhutans und zu einem der populärsten Heiligen Tibets machte. Er wird von den Völkern des Himalaja nicht nur mit Ehrfurcht, sondern ebenso mit Sympathie und Zuneigung bedacht.

Die Legende berichtet von einer einzigartigen Begebenheit zwischen Kunley und seiner Mutter, bevor dieser seine Reise als Wanderbettler begann. Da in Kunleys «Biografie» über seinen kurzen Aufenthalt zu Hause keine andere Geschichte erzählt wird als diese, wird es sich um eine sogenannte «unfertige Angelegenheit» handeln, die erst abgeschlossen werden muss, bevor er sein Schicksal als «verrückter Heiliger» beginnen und sein weltliches Leben ganz aufgeben kann. Kunley ist ein wahrhaftig origineller Typ, ein «Narr Gottes», der selbst unter den vielen anderen bizarren heiligen Männern hervorsticht, die die «Verrückte-Weisheits»-Tradition der Weltreligionen bevölkern.

Als Kunley nach seiner mönchischen Ausbildung nach Hause zurückkehrte, gab ihm seine Mutter unaufgefordert einige mütterliche Ratschläge, ohne seine geheime Identität als erleuchteter buddhistischer Lama zu erfassen. Sie wies ihn zurecht: «Wenn du entscheidest, als heiliger Mann auf Erden zu weilen, musst du ein reines, spirituelles Leben führen, das stets im Dienste anderer steht. Falls du aber entscheidest, lieber das Leben eines Laien zu führen, dann solltest du dir eine Frau nehmen, die deiner alten Mutter im Haushalt helfen kann.» Kunley antwortete seiner Mutter, dass er sich eine Frau suchen werde. Er wählte auf dem Marktplatz eine zahnlose alte Hexe aus und trug sie auf dem Rücken nach Hause. Seine entsetzte Mutter bestand darauf, dass er die Alte sofort zum Marktplatz zurückbringe, und sagte: «Ich werde ihre Arbeit besser verrichten können.» In derselben Nacht kam Kunley mit seiner Decke zum Bett der Mutter. «Was willst du?», fragte die Mutter. «Heute Morgen hast du gesagt, du würdest die Pflichten einer Ehefrau auf dich nehmen, nicht wahr?», antwortete Kunley. «Du schamlose Kreatur», erwiderte seine Mutter. «Ich sprach von der Hausarbeit. Jetzt benimm dich nicht dümmlich und gehe zu Bett.» «Du hättest heute Morgen sagen müssen, was du meintest», sagte der Lama und legte sich zu ihr. «Jetzt ist es zu spät, wir werden miteinander schlafen.» «Halt den Mund und verschwinde, du elender Hund», fluchte sie. «Mein Knie schmerzt, und ich kann nicht aufstehen. Du findest dich also besser damit ab», drängte er. «Auch wenn du ohne Scham bist», sagte sie, «was werden die anderen Leute denken? Stell dir den Klatsch bloß vor!» «Wenn du Angst vor dem Klatsch hast, können wir es geheim halten», versprach er. Schließlich, unfähig, weitere Argumente zu seiner Abweisung zu finden, sagte sie: «Du musst nicht auf mich hören, aber erzähle es niemandem. Also, mach es, wenn du willst.» Als er diese Worte aus dem Mund seiner Mutter hörte, sprang Kunley entsetzt auf und ließ sie allein. Am folgenden Morgen ging er zum Marktplatz und rief: «He, ihr Leute, hört! Wenn ihr darauf besteht, könnt ihr sogar eure eigene Mutter verführen.»[2] Indem er das Geheimnis seiner Mutter öffentlich machte, wurden, der Legende nach, alle ihre Fehler getilgt und sie erreichte das hohe Alter von 130 Jahren. Kurz nach diesem Vorfall entschloss Kunley sich, nach Lhasa zu gehen und das Leben eines Wanderheiligen aufzunehmen.[3]

Im Vorwort zu der Sammlung von Geschichten aus Kunleys Leben, die aus mündlichen und schriftlichen Quellen stammen, erläutert Geshey Chaphu, dass es unterschiedliche Lesarten dieser Begegnung zwischen Mutter und Sohn gibt: «Wenn man es mit Scham liest, beginnt man zu schwitzen, wenn man es in tiefem Glauben liest, beginnt man zu weinen, wenn man es mit Begehren liest, beginnt man aus dem Mund zu sabbern, liest eine Frau es mit Lust, wird ihr Lotos feucht, und wenn es irgendjemand mit einer vorgefassten Meinung verfälscht, wird seine Seele in die unteren Höllen sickern.»[4] Und da ich wie jeder andere auch darum fürchte, dass meine Seele in die unteren Höllen sickern könnte, werde ich zuerst die Haltung der Tibeter einnehmen und also den richtigen Weg zu dieser Geschichte einschlagen.

Eine tibetisch-buddhistische Lesart von Kunleys Legende würde wahrscheinlich die folgenden drei Punkte hervorheben, um die tiefere Bedeutung der Geschichte zu erläutern:

Erstens, Kunley ist kein asketischer Mönch, sondern ein geheimer Tantriker. Tantra ist nicht nur berüchtigt für den Gebrauch der Sexualität beim spirituellen Streben, sondern auch charakterisiert durch zutiefst subversive Absichten. Der Tantrismus, der im indischen Buddhismus nach dem 7. Jahrhundert an Zulauf gewann, zielte darauf ab, Kastenschranken der brahmanischen Ordnung zu durchbrechen, indem Essenstabus und sexuelle Verbote aufgebrochen wurden. Der fast vollzogene Mutter-Sohn-Inzest in der Kunley-Geschichte ist nicht nur irgendein Tabu, das gebrochen wird, sondern *das* Tabu schlechthin. Ein Tantriker könnte also – wenn er es wollte – jegliche Grenze überschreiten, wie uns die Geschichte nahelegt.

Zweitens, Kunley ist ein «verrückter Heiliger» in der Tradition der 84 *Mahasiddhas* – der «großen Vollendeten» –, die zwischen dem 8. und 12. Jahrhundert in Nordindien lebten und zu denen beispielsweise auch der bekannte tibetische Heilige Milarepa und sein wilder Lehrer Marpa zählten, aus dessen Linie Kunley stammt. Wie diese Lehrer «verrückter Weisheit» belehrt auch Kunley mit Parabeln, Liedern und Handlungen, die offen skandalös sind. Diese skandalösen Handlungen sollen dazu dienen, die Zuhörer oder Betrachter aus ihrer konventionellen Vorstellungswelt aufzurütteln – die Möbel im Haus sozusagen neu zu arrangieren –, damit Türen im Geist geöffnet werden, um ungewöhnliche, spirituelle Gäste empfangen zu können. Das inzestuöse Angebot des Lamas gegenüber seiner Mutter ist somit lediglich einer seiner unerhörten Schocker, die dazu dienen, den Weg zur Buddhaschaft für andere zu ebnen. Weitere schockierende Handlungen dieser Art sind das Bepinkeln eines heiligen *Mandala-Thangkas* (wobei der Urin sich später in goldene Farbe verwandelt haben soll) oder Kunleys derber Spott über die Selbstzufriedenheit religiöser Würdenträger. So erlaubte sich Kunley zum Beispiel einmal im Tempel von Ramoche, einige Mönche in ihren metaphysischen Diskussionen mit den Worten zu unterbrechen: «Ich weiß auch ein wenig über Metaphysik Bescheid», wobei er sich eine Handvoll seines eigenen Furzes griff, ihn den Mönchen unter die Nase hielt und unschuldig fragte: «Was war zuerst da, die Luft oder der Geruch?»[5]

Drittens, die Geschichte mit seiner Mutter ist weder Teil der spirituellen Biografie von Kunleys innerem Leben, seiner «Erleuchtungsgeschichte», in der seine meditativen Erfahrungen, seine Erleuchtungsstufen und die Visionen seiner früheren Leben geschildert werden, noch ist sie Teil seiner historischen Biografie, die über die äußeren Fakten seines Lebens und seiner Zeit berichtet. Vielmehr gehören derartige Geschichten zu einem dritten Genre, das die Tibeter «geheime Biografie» nennen. In einer geheimen Biografie, erklärt der Tibeter Choegyal Gyamtso Tulku, wird zwischen externer und interner Welt, also zwischen Realität und Imagination, nicht unterschieden.[6] Ihr Ziel ist, andere Menschen zu erleuchten und ihrem Leben Bedeutung zu verleihen.

Als Analytiker würde ich jedoch noch eine andere als nur diese Sinngebung anbieten. Die Geschichte Kunleys mit dem «dritten Ohr» des Analytikers anzuhören und psychoanalytisch zu deuten erschafft eine weitere Form «geheimer Biografien», die sich mehr Freud und den Nach-Freudianern verpflichtet sieht als Buddha und den tantrischen Meistern. Die psychoanalytische geheime Biografie will den Zuhörer ebenfalls anleiten und hoffentlich auch unterhalten, wobei ihre Lesart allerdings komplementär zu der buddhistischen Lesart ist. Mit anderen Worten, obgleich sie anders verfährt, spricht auch sie grundlegende, universell gültige menschliche Begierden und Zwangslagen an.

Psychoanalyse, beziehungsweise jede Psychologie, muss das Leben und die Erfahrungen eines Heiligen oder Mystikers anhand menschlicher Maßstäbe interpretieren. Mit meiner hier angewandten Lesart wird Kunleys Geschichte nicht als eine Biografie im konventionellen, westlichen Sinne betrachtet, bei der der Fokus ausschließlich auf die Individualität des Subjekts und auf intime Details des persönlichen Lebens gerichtet ist. Anders als in der westlichen Biografie werden in Kunleys Geschichte Raster einer idealisierten buddhistischen Hagiografie wiederholt, auch wenn die originelle Persönlichkeit des Heiligen klar heraustritt. Typische Züge buddhistischer Hagiografien, die auch in Kunleys Biografie Gewicht haben, sind zum Beispiel die gehobene spirituelle Herkunft, Frühreife, ein früher Verzicht auf das weltliche Leben aufgrund von Desillusionierung sowie eine langjährige Phase des Lernens und der meditativen Praxis.[7] Einige der Gespräche, die in Kunleys Geschichte überliefert sind, finden sich auch in den Biografien anderer tibetisch-buddhistischer Meister. So beispielsweise Kunleys Antwort an fünf Mädchen, die er auf einer seiner Wanderungen trifft und die ihn fragen, woher er komme und wohin er gehe. «Ich komme von hinten und ich gehe nach vorn.» Dieselbe Konversation in genau den gleichen Worten findet sich auch in der biografischen Aufzeichnung des buddhistischen Lamas Patrul Rinpoche, mit dem einzigen Unterschied, dass der Gesprächspartner dort ein Einsiedler ist.[8]

Obgleich einige der Vorfälle, die in Kunleys Geschichte erzählt werden, durchaus eine historische Basis haben können, ist es für die psychoanalytische Lesart am besten, die Episoden nicht als Teil einer realen Lebensgeschichte zu betrachten. Der Fokus einer solchen Lesart verschiebt sich dann von der Biografie des Helden auf die Psyche des Publikums. Anders ausgedrückt, Geschichten, die mit anderen geteilt und über Generationen wiederholt und verbreitet werden, ermöglichen uns einen Einblick, was im tibetischen Kulturkreis als Hindernis und Dilemma auf dem Weg zur spirituellen Erleuchtung betrachtet wird. Außerdem ist Kunley für die tibetischen Gläubigen wie ein «reflektierender Spiegel», der ihnen ermöglicht, ihre eigenen versteckten Bedürfnisse und Konflikte wie auch ihr spirituelles Potenzial zu erkennen.

Bei einer solchen Lesart muss die Haltung des Analytikers gegenüber dem Helden und seinen Heldentaten nicht unbedingt von der eines traditionellen Tibeters abweichen, der seinen Geist wach halten, in respektvoller Haltung und mit klarem Verstand entspannt zuhören soll.

Für mich ist die Begegnung Kunleys mit seiner Mutter eine einfallsreiche Inszenierung aus dem Drama des menschlichen, sexuellen Begehrens. Psychoanalytisch ausgedrückt ist die Begegnung mit seiner Mutter eine unbewusste Fantasie, die sich aus den halluzinatorischen Ressourcen des Begehrens selbst schöpft. Fantasie ist natürlich die bevorzugte Verkleidung des Begehrens, um sich selbst darzustellen. Sie übt, wie wir alle wissen, im Verlauf des Lebens eine beständige Faszination auf das Begehren aus. Wie Torres es zum Ausdruck bringt, entwickelt das Begehren Fantasien, ruft Bilder und Fata Morganen hervor, die fast, aber nicht ganz existieren. Indem Fantasien symbolisch Befriedigungen wiederholen, die nie ein Ende finden, dienen sie nicht nur dazu, Lust zu gewinnen oder Ängste abzuwehren, sondern auch das Unbewusste für Bedeutungen zu öffnen, die für die Herausbildung, Stärkung und Integration des Selbst unerlässlich sind.[9]

In der hier beschriebenen Fantasie ist Kunley der Held der phallischen Phase in der frühen Kindheit – die Verkörperung phallischer Großartigkeit, die der kleine Junge ersehnt –, und das nicht nur in Tibet und Bhutan. Kinder, die Kunley an eine Wand pinkeln sehen, rufen erstaunt: «Was für einen enormen Schwanz und was für große Eier er hat!»[10]

Drukpa Kunleys extremer «Phallizismus» hat ihn zu einem Fruchtbarkeitsheiligen gemacht, dessen Segnung von vielen kinderlosen Frauen begehrt wird, die das Chime-Lhakang-Kloster, das er im frühen 16. Jahrhundert gegründet hat, besuchen. Falls es irgendeinen Zweifel über den Besitz von Kunleys magischem und majestätischem Organ gibt, seinem Donnerkeil der flammenden Weisheit, wie die Texte es benennen[11], dann wird dieser Zweifel schnellstens zerstreut, wenn man hört, was er mit diesem Organ alles zu bewirken vermochte. So besiegte er damit beispielsweise in Kämpfen Dämonen, ganz abgesehen von den Schilderungen seiner Begegnungen mit tibetischen und bhutanesischen Jungfrauen.

Mehr als einmal wird sein Penis als Hammer eingesetzt, um die Zähne männlicher Dämonen zu zerschlagen und sie damit – wie wir auch aus der psychoanalytischen Sprache der Träume wissen – ihrer Potenz zu berauben. Eine Dämonin setzt Kunley außer Gefecht, indem er sie in seine Vorhaut einwickelt. Eine dieser Legenden lautet folgendermaßen: Als Kunley einmal das Territorium des Dämons Wong Gomsarkhar betrat, traf er nur eine alte Frau an, da der Dämon alle anderen Einwohner bereits gefressen hatte.[12] Kunley legte sich nackt auf den Boden, nachdem er sich selbst eine enorme Erektion verschafft hatte, was den Dämon und seine Gehilfen sehr beunruhigte. Sie entschieden, von ihm abzulassen und stattdessen die alte Frau zu fressen. Rasch eilte der Lama daraufhin zum Haus der alten Frau und versprach, sie vor dem Dämon zu schützen. Als dieser mit seinen Gehilfen kam, um die Alte zu fressen, schlug er ihn mit seinem Phallus zu Boden und hieb ihm die Zähne aus. Der Dämon ergab sich schließlich und versprach, von nun an dem Weg Buddhas zu folgen.[13]

Kunleys Phallus entmannt nicht nur gewaltsam die Monster der kindlichen Vorstellungswelt, die das Begehren des Kindes bedrohen. Als Donnerkeil der Erleuchtung verwandelt er sogar Bösewichte in Beschützer der Wahrheit Buddhas. Diese doppelte Funktion des Phallus ist offensichtlich in einer weiteren Geschichte, in der Kunley einer Gruppe von Händlern begegnet, die eine Ladung Speere transportieren. Der Lama verlangt vom Führer der Gruppe einen Speer für sich. Der Händler ist erbost und drückt den Speer gegen Kunleys Brust. «Lass uns sehen, ob dein Speer der Verblendung so machtvoll ist wie mein Speer des leeren und reinen Bewusstseins», sagt der Lama. Und er packt die Spitze des Speeres, die auf ihn gerichtet ist, zieht sie wie Gummi auseinander und macht einen Knoten hinein.[14]

Kunleys Gabe der Vorhersehung, seine magischen Kräfte und seine Fähigkeit, Körperformen beliebig zu wechseln, sind der Stoff, aus dem sich die Vorstellungswelt kleiner Jungen zusammensetzt. Sie erlauben dem Kind, Initiative zu ergreifen – was Erik Erikson die Phase der «Initiative» gegen «Schuld» nannte – und sich in einer Welt zu behaupten, in der die Erwachsenen mit so unverhältnismäßig viel Macht ausgestattet sind.[15] Der Besitz einer «geheimen Identität» – der Buddhaschaft –, die Menschen in Staunen und Ehrfurcht versetzen würde, wären sie sich ihrer nur bewusst, ist vergleichbar mit den omnipotenten Fantasien eines kleinen Jungen, als weiterer Versuch, die Diskrepanzen zwischen der Innen- und Außenwelt aufzulösen. Es ist der Versuch, die Kluft, wie sich das Kind selbst wahrnimmt und wie es von den Erwachsenen wahrgenommen wird, zu überbrücken – ein Thema, das in der Fantasiewelt, die das Begehren in dieser Lebensphase inszeniert, stark im Vordergrund steht.

Kunleys inzestuöse Begegnung mit seiner Mutter ist eine vorgezogene Navigation durch eine spätere, aber entscheidende Szene im Drama des Begehrens. Die erste Szene dieses Dramas wurzelt bekanntlich in den Anfängen der Mutter-Kind-Beziehung, während deren dem Säugling die Substanz des Begehrens sozusagen mit der Muttermilch injiziert wird. Hier nehmen die hartnäckigsten Illusionen des Begehrens ihren Anfang – Fantasien, die vom Mystiker überwunden werden müssen, wenn er über die Grenzen des Begehrens in das Reich des Geistes gelangen will. In der phallischen Phase, in der Kunley sich befindet, kreist das Begehren um das universelle Tabu des Mutter-Sohn-Inzests. Der kleine Junge kämpft gegen die Erkenntnis seiner sexuellen Unzulänglichkeit in Bezug auf die ausgewachsenen Genitalien der Mutter an, während er verzweifelt versucht, den Ärger seiner ödipalen Niederlage einzustecken.

In Kunleys Wiederholungsdrama dieser frühen Kindheitsszene ist die Hilflosigkeit allerdings nicht die des Jungen, sondern die der Frau; der sexuelle Angreifer ist hier der Sohn, nicht die Mutter. Kunleys Verführung der Mutter ist der Versuch, ein Trauma zu meistern, indem er das, was passiv geduldet wurde, in ein aktives Unternehmen umwandelt, um so der überwältigenden, traumatischen und doch zutiefst verführerischen Gegenwart der frühen Mutter zu entkommen. Der beunruhigende Teil dieser Geschichte ist die Enthüllung des Begehrens der Mutter, das sich sorgfältig hinter einer gewissenhaft konstruierten illusorischen Struktur der Mutter-Sohn-Beziehung verbirgt. In ihrer Fügsamkeit gegenüber Kunleys sexuellen Forderungen ist die Mutter stärker darüber beunruhigt, dass der Inzest öffentlich werden könnte, als über unerträgliche Schuldgefühle oder ihr eigenes Entsetzen, dieses Tabu brechen zu wollen.

Die Geschichte ist also eine vergessene und dennoch unvergessliche Szene sexuellen Begehrens in der Mutter-Sohn-Beziehung. Um eine erinnerungswürdige Formulierung von Adam Phillips über den psychoanalytischen Prozess in unserem Kontext zu benutzen, muss der Lama «auf eine Art und Weise erinnern, die ihn befreit zu vergessen».[16] Dies gelingt, indem Kunley das ursprüngliche Dilemma des Begehrens neu erschafft, um es dann aufzugeben und so seine spirituelle Reise fortzusetzen. Der am wenigsten annehmbare Teil dieser dramatischen Wiederbelebung des Konflikts – die Antwort auf eine Frage, die der Lama nicht einmal gedacht hatte zu stellen – hat mit der Natur der sexuellen Wünsche seiner Mutter im Verhältnis zu ihm als Sohn zu tun. Mit dem ursprünglichen Vorhaben, sie aus ihrer Ignoranz – psychologisch und spirituell – aufzurütteln, ist es stattdessen Kunley, der schockiert ist über den Hinweis ihres sexuellen Interesses an ihm. «Ihre Worte fallen wie Wasser in kochendes *Ghee*» (geklärtes Butterfett), das die Psyche mit Tropfen brennenden Öls bespritzt und sogar einen erleuchteten Heiligen aus der Fassung bringen kann. Trotz der Störung durch das Unerwartete wird die Therapie für beide, Mutter und Sohn, erfolgreich beendet. Indem die geheimen inzestuösen Wünsche der Mutter öffentlich gemacht werden, werden –

wie die Legende besagt – «ihre Fehler getilgt, ihre Sünden gesühnt und ihre Trübsal beseitigt».[17] Der Sohn hingegen, gelöst von seinem ödipalen Begehren und befreit von dem, was ich an anderer Stelle als «mütterliche Fesselung» umschrieben habe,[18] kann nun als reifer Mensch seine sexuelle und spirituelle Reise antreten.

Die spirituelle Autobiografie von Swami Muktananda, einem bekannten hinduistischen Gott-Menschen, der in den 70er-Jahren auch in westlichen Kreisen Berühmtheit erlangte, ist ein weiteres Beispiel, wie ein Heiliger die wiederkehrenden, inzestuösen Konflikte und sein Begehren bewusst meistert.[19] Obwohl Muktananda darauf bedacht war, sich öffentlich nicht so zu benehmen, dass er die moralischen Empfindlichkeiten seiner überwiegend aus der indischen Mittelschicht stammenden Anhänger brüskierte oder den Vorstellungen seiner westlichen Anhänger entgegenwirkte, deren Bild eines Heiligen unvermeidlich von ihrem christlichen und jüdischen Hintergrund geprägt war, ist auch ihm die «verrückte Weisheit» eines Drukpa Kunley nicht fremd. Als ein Anhänger des Siddha Yoga, dessen tantrischer Kern sich auch in der Praxis seiner tibetisch-buddhistischen Vorgänger wiederfindet, war Muktananda ebenfalls ein entfernter Verwandter der 84 Mahasiddhas. Sein eigener Guru Nityananda (gestorben 1961), der ein Leben frei von allen konventionellen Einschränkungen bezüglich Kleidung und Auftreten lebte, war ebenso bekannt für seinen plötzlichen Jähzorn wie für seine mystische Perfektion.

Der zweite Teil der Autobiografie Muktanandas, die von seinen spirituellen Fortschritten handelt, ist ein bemerkenswertes Dokument, in dem seine meditativen Erfahrungen über mehrere Monate in akribischer Genauigkeit festgehalten wurden. Während er verschiedene Bewusstseinsstadien durchläuft, gibt Muktananda uns faszinierende Beschreibungen seiner vielen Visionen – sowohl glückselige als auch entsetzliche. Er berichtet von körperlichen Veränderungen und emotionalen Achterbahnfahrten, von ekstatischen Höhen und mentalen Zusammenbrüchen, die seine Meditationen begleitet haben. Und dann, im Verlauf dieser spirituellen Reise, ereignet sich etwas, das die Reise vor dem Erreichen des Ziels ernsthaft zu bedrohen scheint.

Während geraumer Zeit war seine meditative Siddha-Yoga-Praxis, die auf die vollkommene Verschmelzung mit dem Guru ausgerichtet war, glatt verlaufen. Ein «göttliches rotes Licht», begleitet von intensivsten Gefühlen der Freude und des stillen Glücks, war während dieser Zeit stets gegenwärtig. «Aber dann kam eine zerstörerische Form der Meditation – eine sinnliche Meditation, eine Meditation des Begehrens. Wie ekelhaft das war! Ich sah das rote Licht, aber seine Farbe hatte sich verändert. Es hatte meine Größe und schien wie die weichen Strahlen der Morgensonne im Osten. Die ganze Liebe und der Rausch, die ich in der Meditation gefühlt hatte, verschwanden. Meine Identifikation mit Nityananda verschwand. Meine Guru-Verehrung und das Mantra *Guru Om, Guru Om* verschwanden. Stattdessen kam ein machtvolles, sexuelles Begehren. Wer weiß, wo es sich die ganze Zeit über versteckt hatte? Es beherrschte mich vollkommen. Ich war erstaunt über die unkontrollierbare Kraft meines sexuellen Organs, das doch nicht mehr als ein Fleischklumpen ist. Es wurde auf das Intensivste erregt [...]. Nun wurde alles nach außen geleitet in Richtung Sex, Sex, Sex. Ich konnte an nichts anderes denken als Sex! Mein ganzer Körper kochte vor Begehren – ich kann die Erregung meines sexuellen Organs nicht beschreiben.»[20]

Muktananda fährt fort, die visuellen Begleiterscheinungen dieses sinnlichen Angriffs der Begierde zu beschreiben: «Wenn ich meine Augen schloss, sah ich ein wunderschönes, nacktes Mädchen in dem rötlichen Licht. Obwohl ich sie nicht sehen wollte, erschien sie [...]. Wenn ich meine Augen schloss, war sie da, und wenn ich sie öffnete, war sie da. Was sollte ich tun? Wem konnte ich von meiner peinlichen Situation erzählen? Sie wurde mir gegen meinen Willen aufgezwungen. Wie machtvoll die Begierde meines sexuellen Organs war! Ich wurde von Schuldgefühlen übermannt und konnte nicht länger meditieren, weil dieses sexuelle Begehren nicht von mir wich. Ich fühlte mich verängstigt, beschämt und unzufrieden. [...] Der Nachmittag kam, ich meditierte ein wenig, und dieselbe nackte Frau erschien. Manchmal lachte sie, manchmal lächelte sie, manchmal stand sie, manchmal saß sie. Ich konnte es nicht länger ertragen, sie zu sehen. Die früheren Visionen, die meine Sinne beruhigt und gereinigt hatten, die einen Schwall der Liebe zu meinem Herzen getragen hatten, so dass ich höchste Ekstase erfuhr, waren alle verschwunden und verkehrten sich genau ins Gegenteil. Mein Sexualorgan wurde stimuliert, erregt und machtvoll. Andere beschämende Dinge passierten, die mich die Meditation rasch beenden ließen.»[21] Muktananda ist nun am Boden zerstört. Wieder und wieder versucht er zu meditieren, sich in seinen Guru zu vertiefen und ist in seinem Bemühen für eine Weile sogar erfolgreich. «Ich begann, über Gurudev zu meditieren und tauchte in seine Identität ein. [...] Ich fühlte mich sehr beglückt. Dann, in diesem Augenblick des Glücks, erschien eine Göttin, nackt bis auf einige Juwelen, die sie schmückten. [...] Mein Geist wurde sehr unruhig. Mein sexuelles Organ wurde mit großer Macht erregt. Ich öffnete meine Augen. Ich sah sie auch dann noch. Mein Penis riss meinen Lendenschurz entzwei und grub sich gewaltsam in meinen Nabel, wo er für einige Zeit verharrte. Wer vergewaltigte mich so?»[22] Die Antwort darauf kommt von innen, als er beginnt, in einer anderen Hütte zu meditieren, nachdem er unruhig und verzweifelt für mehrere Tage draußen in der Landschaft herumgelaufen ist. Eine Stimme befiehlt ihm, einen alten Schrank zu öffnen, der sich in der Hütte befindet, und das Buch, das dort in einem Regal liegt, zu lesen. «[Das Buch] öffnete sich auf einer Seite, auf der genau die Kriyas beschrieben wurden, die mir passierten. Als ich das las, war ich äußerst glücklich; innerhalb eines Augenblicks verschwanden alle meine Qualen, Verwirrungen und Sorgen. Ich verstand nun, dass alles, was sich ereignet hatte, mit der Segnung meines Gurudev, Bhagwan Shri Nityananda, zusammenhing. Es war alles ein Teil des Prozesses im *siddha mahayoga*; es war der Weg zur spirituellen Erleuchtung.»[23] Ein anderer großer Siddha, der sich Muktananda für weitere Erklärungen näherte, eröffnete ihm, dass die nackte Frau, die ihm in seinen Visionen erschien, die Muttergottheit Kundalini sei. Sie erschien, damit er seine sexuellen Gelüste erkenne, sie überwinde und vom Begehren befreit werde. Es war sein falsches Verständnis vom Wesen der Frau, das ihn verwirrt hatte, befand Muktananda. Die Muttergöttin nimmt alle möglichen Formen – nackt oder bekleidet – an, und er hätte an die Göttin denken sollen, die Mutter des Yoga, als er die nackte Frau in seinen Visionen sah.[24] Nach dieser Krise machte Muktananda große spirituelle Fortschritte.

Wenn ich an diesen vielleicht eindrucksvollsten Teil des Berichts von Muktananda denke, komme ich nicht umhin, mich an eine bedeutende Stelle in Freuds *Eine Schwierigkeit der Psychoanalyse* zu erinnern, an der er schreibt: «Der Mensch [...] fühlt sich souverän in seiner eigenen Seele. [...] In gewissen Krankheiten [...] tauchen plötzlich Gedanken auf, von denen man nicht weiß, woher sie kommen; man kann auch nichts dazu tun, sie zu vertreiben. Diese fremden Gäste scheinen selbst mächtiger zu sein als die dem Ich unterworfenen;[...]. Oder es kommen Impulse, die wie die eines Fremden sind, so dass das Ich sie verleugnet, aber es muss sich doch vor ihnen fürchten und Vorsichtsmaßnahmen gegen sie treffen. Das Ich sagt sich, das ist eine Krankheit, eine fremde Invasion [...]. Die Psychoanalyse unternimmt es, diese unheimlichen Krankheitsfälle aufzuklären, [...] und kann dem Ich endlich sagen: ‹Es ist nichts Fremdes in dich gefahren; ein Teil von deinem eigenen Seelenleben hat sich deiner Kenntnis und der Herrschaft deines Willens entzogen.›»[25]

Muktanandas meditative Bewusstseinsstufe ist weder eine Krankheit, noch sind seine Visionen unheimliche Störungen. Stimmt man aber der essenziellen Wahrheit von Freuds Beobachtungen zu, ist ein Psychoanalytiker, selbst einer wie ich, der Respekt gegenüber dem spirituellen Leben und Bestrebungen eines Menschen hat, dazu gezwungen, sich zu fragen, ob die Visionen Muktanandas von der Muttergöttin nicht auch die Wiederauferstehung einer anderen, mehr psychologischen als spirituellen Begegnung ist – nämlich der des Kindes mit seiner irdischen Mutter. Mit anderen Worten, die Vision des Heiligen ist eine spirituelle und gleichzeitig eine psychologische, da sie auch eine überraschende Begegnung des Sohnes mit der Mutter der Kindheit einbezieht, deren Bild nun durch seine Fantasie verwischt, retuschiert und reproduziert wird. Die nächste Frage ist: Welche Mutter? Obgleich die nackte Muttergöttin dem meditierenden Heiligen anfänglich ein Rätsel aufgibt, ist sie offensichtlich keine Dämonin der infantilen Fantasie, keine Projektion des zehrenden Hungers und der Zerstörungsfantasien des Säuglings. Sie ist aber auch nicht die monströse Sphinx – Sophokles nannte sie die Hündin mit den gekrümmten Klauen –, die diejenigen erdrosselt oder verschlingt, die ihr Rätsel nicht lösen können, oder C. G. Jungs schreckliche Mutter oder die Medusa, die jeden versteinert, der ihr in die Augen sieht.

Der Schlüssel zur Identität der Göttin, einer Identität, die in den frühen Jahren der Lebensgeschichte des Heiligen vergraben ist, liegt in ihrer verzaubernden Schönheit und den Auswirkungen, die sie auf den Penis unseres Helden hat. Sie ist die Mutter seiner frühen Kindheit – psychoanalytisch gesprochen, die ödipale Mutter – aus einem Zeitraum, der mit dem Beginn der Bewusstwerdung und Identität assoziiert wird. Nämlich wenn die Entdeckung des Penis und der heftigen, beunruhigenden Empfindungen, die er hervorruft, zusammenfallen mit der Faszination und dem Glanz der Mutter. Ihre Schönheit belebt, aber entflammt auch die Sinne des Jungen, dessen Selbstbeherrschung bedroht wird. Die Vision der Göttin ist dann eine Deckerinnerung, hinter der sich viele Erinnerungen aus einer Zeit versteckt halten, in der sich Klein Muktanandas Liebesbeziehung zu seiner Mutter – der unbestrittenen Göttin seiner inneren Welt – auf ihrem Höhepunkt befand und dem Sohn, in voller Blüte seines Begehrens, von der Mutter eine großartige Zukunft versprochen wurde. Zur gleichen Zeit aber ist ihr Versprechen der phallischen Großartigkeit des Kindes von einer spezifischen Angst begleitet – der Furcht des kleinen Jungen, seine aufblühende maskuline Identität zu verlieren, wenn sein kleiner Penis in der dunklen und tiefen Höhle der Weiblichkeit der Mutter verschwindet.

Die Behauptung, dass die Vision der Mutter Kundalini ihren Ursprung in Muktanandas psychischem Substrat hat und ihr erst durch die inzestuös aufgeladene Darstellung seiner wirklichen Mutter Form verliehen wird, ist keine einschränkende Lesart seines spirituellen Dramas. Ich habe nicht die Absicht, die Visionen der nackten Göttin auf Halluzinationen oder hypnagogische Fata Morganen zu reduzieren. Der Psychoanalytiker und Religionswissenschaftler Antoine Vergote hat bemerkt, dass die Kraft eines religiös-spirituellen Zeichens (in diesem Fall die Göttin Kundalini) notwendig ist, damit einer imaginären Form die Dichte des Fleisches verliehen werden kann.[26] Es ist Muktanandas glühende Überzeugung von der Realität der Kundalini-Göttin, die dazu beiträgt, ihr eine sichtbare, plastische Existenz zu geben. Und obwohl neurotische Halluzinationen wie auch mystische Visionen in ähnlicher Art und Weise verlaufen, nämlich indem sich Gedanken in imaginierte Formen verwandeln, so besteht dennoch ein grundlegender Unterschied zwischen beiden. Wie Antoine Vergote bemerkt, wird im Mystiker – und das gilt, wie wir gesehen haben, auch für Muktanandas Visionen der Göttin Kundalini – die Faszination, die das imaginierte Bild hervorruft, durch einen Strom bewusster Gedanken kontrolliert.[27] Damit wird verhindert, dass das Bewusstsein von dem imaginierten Bild total vereinnahmt wird.

Wie geht Muktananda mit der ihn verzaubernden Mutter um, die wie die Hexen in *Malleus Maleficarum* «im Hinblick auf das männliche Organ erstaunliche Dinge tun können»[28], es sogar dazu bewegen, ein Eigenleben unabhängig von seinem vermeintlichen Besitzer zu führen. Anders als Kunley, der die Rollen von Mutter und Sohn in der Inszenierung der Verführungsfantasie umkehrt, wählt Muktananda eine gänzlich andere Strategie. Er kämpft zunächst dagegen an, in den Strudel sexuellen Begehrens gezogen zu werden, indem er seinen Guru Nityananda anruft. Diese Anrufung ist ein Versuch, seine Identität mit dem Guru wiederherzustellen und zu erhalten. In der passenden, wenn auch uneleganten Sprache der Psychoanalyse versucht Muktananda mit der Anrufung des Gurus sich des omnipotenten väterlichen Phallus zu versichern, um sich gegen das überwältigende mütterliche Bildnis und das gefährliche Verlangen der Verschmelzung zu schützen. Hier ist der indische Mystiker dem Odysseus der griechischen Mythologie nicht unähnlich, der sich dem betörenden Gesang der Sirenen und ihrer tödlichen Versuchung widersetzt, indem er darum bittet, an den Mast des Schiffs gebunden zu werden – das väterliche phallische Symbol, das ihn beschützen wird.[29]

Mit der Unterstützung durch den Phallus des Gurus kann Muktananda den nächsten Schritt gehen, nämlich das Objekt der Begierde durch einen Prozess der Idealisierung modifizieren. Die zutiefst schockierende und beunruhigende Sexualität der Mutter wird verklärt und ihre Person zu einer mütterlichen Göttin transformiert, die Schutz und spirituelle Größe verspricht. Diese Idealisierung von Müttern im Allgemeinen sowie seiner eigenen Mutter Kusumeshwari im Besonderen wird in der Widmung von Muktanandas spiritueller Biografie ausgeführt. Nachdem er seine Reue darüber zum Ausdruck gebracht hat, dass er sein Elternhaus im Alter von fünfzehn Jahren verließ, um seine spirituelle Suche zu beginnen, und damit seiner Mutter viel Schmerz und Kummer bereitete, schreibt Muktananda: «Kinder tragen gegenüber ihren Müttern eine große Schuld. Mütter nähren die Kinder mit ihren Lebenssäften; sie geben ihr eigenes Glück zugunsten der Kinder auf. Was hat meine Mutter für ihren lieben Sohn nicht alles getan! Was für Vorstellungen und Pläne sie für mich wohl hatte! Wie viele Götter und Göttinnen sie zugunsten meines Glücks besänftigt haben muss.»[30] Er fährt dann fort, über andere Frauen zu berichten, die zeitweise die Rolle der Mutter als Versorgerin in den Jahren, als er erwachsen war, übernommen hatten. «Während der Zeit meiner *sadhana* [«spirituelle Disziplin»], hatte ich ein eigentümliches und arrogantes Temperament. Doch wie viel Liebe diese Mütter mir gaben! Ich schätze und verehre sie für das, was sie für mich taten. Mit Herzen voller reiner und selbstloser Hingabe gaben sie mir zu essen und arrangierten sich mit meiner Veranlagung. [...] Wenn ich an sie denke, bitte ich sie, mir auf das Großzügigste zu vergeben. Ich verbeuge mich vor euch, Mütter, mit meinem ganzen Herzen, und betrachte jede von euch wie meine leibliche Mutter, diejenige, die mir die Geburt schenkte.»[31]

Bedeutet die Auslöschung der Zeichen des Begehrens im Antlitz von Mutter und Sohn, die in den spirituellen Disziplinen so dramatisch inszeniert wird, dass der Mystiker sich erfolgreich und permanent von aller sexuellen Begierde befreit hat? Oder ist Muktanandas Idealisierung der Mutter bloß eine unbewusste Strategie mit dem Ziel der Verdrängung (mit der Folge, dass das Unterdrückte früher oder später zurückkehren wird) statt einer echten Sublimierung? Muktananda würde wahrscheinlich Letzteres für sich beanspruchen. Er würde versichern, dass nach einem so radikalen

Einschnitt des Begehrens sein scheinbar sexuelles Verhalten frei von jeglichen sexuellen Absichten ist und es ganz andere Ziele verfolgt, als der unerleuchtete Zuschauer annimmt. Mein Anliegen hier ist nicht, diese Behauptung Muktanandas auf sein späteres Leben zu beziehen – insbesondere auf seine sexuellen Experimente im Alter,[32] als ein wahrnehmbarer körperlicher Abbau stattfand und einige seiner früheren Abwehrmechanismen nicht länger funktionierten –, sondern ich möchte hier die Rolle erläutern, die die Verführung in der Erschaffung eines Heiligen spielt.

Wie wir oben gesehen haben, ist die Verführung bei beiden, Kunley und Muktananda, ein entscheidendes Hindernis, das dem spirituellen Fortschritt vom Begehren in den Weg gestellt wird.

Verführung ist eine der Ur-Fantasien, von denen Freud annahm, dass sie die Grundlage des psychischen Lebens bilden, unabhängig von den spezifischen persönlichen Erfahrungen verschiedener Individuen.[33] Entsprechend müssen diese Ur-Fantasien auch von einem aufstrebenden Mystiker, der eine radikale Neustrukturierung seiner Psyche anstrebt, irgendwie verarbeitet werden. Dies gilt insbesondere für die Verführung, die vielleicht eine vorrangige Stellung unter den Ur-Fantasien einnimmt – zumindest bei einigen Yoga-Schulen, wie dem Siddha Yoga. Aufbauend auf Freuds Behauptung, dass die Mutter nicht nur eine nährende Funktion hat, sondern ebenso die Grundzüge des Erogenen übermittelt, hebt Jean Laplanche hervor, dass die psychische Realität der Verführung eine gemeinsame Schöpfung von Eltern und Kind ist.[34] Mit anderen Worten, das verführerische Verhalten der Mutter in der Mutter-Sohn-Beziehung, die das Gleichgewicht selbst eines hoch entwickelten Heiligen stören kann, ist weder die Folge einer wirklichen, konkreten Verführung noch die lustvolle, wunscherfüllende und gleichzeitig grauenerregende Fantasie des Sohnes allein. Die Allgegenwart der Verführung gründet sich vielmehr auf der Präsenz eines sexuellen Unbewussten im Erwachsenen. Dieses sexuelle Unbewusste – in diesem Fall das der Mutter – wird mit ihrer physischen Umsorgung an das Kind vermittelt. So schreibt beispielsweise Laplanche, dass sowohl Freuds Vorstellung kindlicher Befriedigung an der Brust der Mutter als auch die kleinianische Konstruktion der Brust als «gutes» oder «schlechtes» Objekt übersehen, dass die Brust für die Mutter primär sexuell ist, nämlich eine erogene Zone als Teil ihres sexuellen Lebens.[35] Als solche schickt die Brust eine Mitteilung an das Kind – und diese Mitteilung ist in erster Linie sexuell, was jedoch sowohl für den Empfänger als auch den Übermittler häufig unklar oder undurchsichtig (und natürlich ungewollt) ist. Laplanche vergleicht ihre Realität mit der der Parapraxis des Versprechers.[36] Vereinfacht gesagt findet in der Mutter-Kind-Interaktion sehr viel mehr Verführung statt, als von Mutter oder Sohn wahrgenommen wird. Es muss jedoch daran erinnert werden, dass die Verführung in der Mutter-Sohn-Beziehung stets asymmetrisch ist, denn die sexuelle Mitteilung stammt vom Erwachsenen, auch wenn sie ein Versehen, eine Art Versprecher ist. Wir würden uns dabei aber irreleiten lassen, wenn wir die Verführung lediglich als Wunschvorstellung des Sohnes oder als tatsächlichen Missbrauch der Mutter deuten würden.

Ich sollte an diesem Punkt hervorheben, dass die Wiederholung der mütterlichen Verführung auf dem spirituellen Weg eines Heiligen ein Drama ist, das real sein könnte, es aber nie war. In Fällen tatsächlicher inzestuöser Verführung des Sohnes sind hypnoide Zustände während der psychoanalytischen Behandlung nicht ungewöhnlich. Dieser veränderte Bewusstseinszustand ist in seinem Wesen vergleichbar mit einem hysterischen Symptom – ein Erinnern, ohne zu erinnern. Der Patient hält gewöhnlich an diesem Zustand mit großer Beharrlichkeit fest und hat einen deutlichen Widerwillen, die symbiotische Verbindung mit der verführenden Mutter aufzugeben. So erinnert sich ein Patient in einer Fallgeschichte von Austin Silber, dass er im Alter von drei bis fünf Jahren jeden Tag neben seiner Mutter ein Nachmittagsschläfchen hielt. In dem verhängnisvollen intimen Spiel, das folgte, wurde er sexuell erregt. Das Pulsieren seines Körpers ähnelte dem Pulsieren des Penis während der Ejakulation im Erwachsenenalter. Die Mutter nahm die Hand des Kindes und strich damit über ihre Vulva. Nach einer Weile griff sie entweder sein Bein und rieb es über ihrem Geschlecht oder legte seinen ganzen Körper über den ihren. Während sie ihn fest an den Hüften hielt, bewegte sie seinen Körper zuerst sanft über ihr feuchtes Geschlecht, dann gröber und machte dabei leise, säuselnde Geräusche, manchmal sang sie ihm auch einen Kinderreim vor. Der Patient erinnerte sich, dass er versuchte, sich während des aufsteigenden Unwohlseins loszureißen. Dieses Sich-Winden erregte die Mutter nur weiter und steigerte die Kraft, mit der sie den Körper des Kindes gegen ihre Vulva rieb. Er fuchtelte mit den Armen herum, aber irgendwann gab der Körper nach und erschlaffte, während die Versuche der Mutter, die Körperspannung des Sohnes wiederherzustellen, immer zwingender wurden. Der Junge wurde dann tief hypnotisch.

In den analytischen Sitzungen bewegte sich Silbers Patient häufig von Anspannung und extremer Unruhe zu Schläfrigkeit, die einige Sekunden anhielt, während deren er einen verschwommenen Traum hatte, begleitet von einer Erektion. Nach dem Aufwachen fühlte er sich wach und vollkommen erfrischt.

Erinnerungen an eine tatsächliche Verführung durch die Mutter tauchen während der Analyse widerwillig auf und scheinen auf unerbittlichen Widerstand zu treffen. Sie treten als isolierte Bruchstücke, nie als kohärente Erzählung zutage. Einer meiner Patienten, den ich an anderer Stelle Pran taufte, hat mit dem und gegen das Auftauchen solcher inzestuösen Erinnerungen in Hunderten von Analysestunden gekämpft, und wir sind uns noch immer im Unklaren über die

Details und das Ausmaß der Verführung in seiner Kindheit.[37] Was wir haben, sind klare Erinnerungen aus seiner frühen Jugend. Auch hier, wie in der Fallgeschichte von Silber, sind es keine nächtlichen Erinnerungen, sondern Nachmittagsschläfchen mit der Mutter, die seit vielen Monaten verwitwet war. Pran kann sich mit äußerster Genauigkeit an die Sommerhitze erinnern, an den charakteristischen Schweißgeruch der Mutter, ihre leichte Bekleidung – sie trug gewöhnlich nur eine Bluse und einen Unterrock, der stets über ihre Hüften nach oben rutschte, während sie nahe beieinander lagen. Er erinnert sich auch, wie sein Körper an ihren Rücken geschmiegt lag, mit einem Arm um ihre Brust, und in einer Mischung aus Furcht und Aufregung folgt dann die Erinnerung daran, wie sie ihre Hüften gegen sein Geschlecht drückte, während er versuchte, seinen erigierten Penis in die Nähe ihrer Vagina zu manövrieren – diesen verbotensten Bereich des mütterlichen Körpers –, obgleich er nie in sie eindrang. Er erinnert sich an das Geräusch ihres schnellen Atems sowie an die Scham und die überwältigende Erleichterung, die er während seiner seltenen Ejakulationen fühlte. Mutter wie auch Sohn stellten sich dabei immer schlafend, und in ihrem alltäglichen Umgang miteinander wurden die Ereignisse der Nachmittagsschläfchen vollkommen ignoriert und nicht einmal durch einen einzigen komplizenhaften Blick preisgegeben.

Bei Pran zeigt sich ein sehr ähnliches Muster wie bei Silbers Analysand. In den Analysestunden, die fast ausschließlich von dem zwanghaften Grübeln über seine Mutter dominiert wurden, schlüpfte Pran immer wieder kurzzeitig in einen veränderten Bewusstseinszustand, aus dem er nach einigen Sekunden erfrischt und gestärkt wieder auftauchte. Es wurde für uns beide offensichtlich, dass einer der stärksten Faktoren für die Weiterführung seiner langjährigen Analyse das Erleben dieses Zwischenzustands unter dem väterlichen Schutz seines Guru-Analytikers war. Er hatte einen überwältigenden, unbewussten Widerstand, diesen Zustand durch Erinnern aufzugeben.

Der veränderte Bewusstseinszustand, den ein Opfer tatsächlicher inzestuöser Verführung erlebt, ist verwandt mit Muktanandas Vision der Göttin. Er ist jedoch nur ein schwacher Abglanz der Vision – vergleichbar mit der verschwommenen Schwarz-Weiß-Fotografie eines Gemäldes gegenüber dem vor Farbigkeit strotzenden Original. Er ist ein schwaches Tröpfeln gegenüber einem Wasserfall ... aber dennoch sind beide miteinander verwandt.

Zusammenfassend lässt sich sagen, dass wir in den Berichten der spirituellen Entwicklung eines mittelalterlichen buddhistischen Lamas und eines modernen hinduistischen Gurus gesehen haben, dass die Wiederkehr und Auflösung ihres Konflikts, der durch die Wiederauflebung des Moments der Verführung in der frühen Mutter-Sohn-Beziehung herbeigeführt wurde, für ihren spirituellen Fortschritt unerlässlich war. Zumindest einige, wenn nicht alle Heiligen müssen durch das Tal des Begehrens gehen, in dem der längste Schatten von der verzaubernden Mutter der Erinnerung geworfen wird.[38] Die Symbole, die dem Heiligen helfen, aus der Dunkelheit herauszutreten – im Falle Kunleys der Donnerkeil, im Falle Muktanandas die Göttin Kundalini –, sind gleichzeitig sexuell und spirituell, im Gegensatz zu uns Normalsterblichen, die im Reich des Begehrens gefangen bleiben.

4

Begehren und spirituelle Suche: Die Legende des Drukpa Kunley 2. Teil

Nach der Begegnung mit seiner Mutter beginnt Kunleys Suche, die wie jede Suche ein selbsterwähltes Exil ist. Er befragt Passanten auf dem Marktplatz, wo er das beste *chung* – tibetisches Bier – und die schönsten Frauen finden kann. Auf die Frage, wohin er wolle, antwortet er: «Ich suche ein fünfzehnjähriges Mädchen, hellhäutig mit seidenem, festem, warmem Fleisch, einer festen und angenehmen Möse und einem runden, lächelnden Gesicht. Sie soll schön anzusehen sein, angenehm riechen und eine gute Intuition haben. Sie soll also alle Zeichen einer Dakini haben.»[1] Seine Zuhörer, die von dem Lama erwartet hatten, dass er sich nach dem bekanntesten Kloster oder dem frömmsten Mönch erkundigt, sind empört. Was für ein Heiliger ist das, der nur an Frauen und Alkohol interessiert ist! Kunleys unverschämtes Gerede über *chung* und feste Mösen lässt seinen Zuhörern möglicherweise die vollständige Bedeutung seines letzten Satzes entgehen.

Im tibetischen Buddhismus repräsentiert eine Dakini ungewöhnliche psychische Erlebnisse. Sie ist auch eine weibliche Verkörperung der Macht und des Wissens. Als Erstere ist sie eine inspirierende Kraft des erwachten Bewusstseins (*bodhicitta*), die sich im geeigneten Augenblick im spirituellen Fortschritt des Suchenden zeigt. In ihrem letzteren Aspekt steht sie für die Buddha-Weisheit, die dem Suchenden hilft, seine Unwissenheit zu überwinden. Der hohe Status, den die

Dakini im tantrischen Buddhismus einnimmt, wird ihr in den orthodoxeren Schulen des Buddhismus nicht eingeräumt. Dort verkörpert sie die Unreinheiten oder unwillkommenen Leidenschaften, die *kleshas*, die den Suchenden plagen. Der hohe Status im tantrischen Buddhismus erklärt sich aus einem Prozess, bei dem die Trilogie *buddha – dharma – sangha* mit einer neuen Trilogie *lama – yidam – dakini* (Lehrer – persönliche Gottheit – mystische Partnerin) erweitert wird. Sexueller Geschlechtsverkehr mit einer Dakini ist dann also auch eine Sache spiritueller Perfektionierung. Passenderweise wurde der Mahasiddha Saraha (siehe Kapitel 3), nun in Kunley reinkarniert, auch von einer Dakini zur höchsten Stufe der Erleuchtung geführt.

Sunchok, jenes fünfzehnjährige Mädchen, das alle Zeichen einer Dakini besaß, war die erste von insgesamt fünftausend Frauen, die Kunley durch und mithilfe sexueller Leidenschaft zur Buddhaschaft erweckt haben soll. Die Geschichten der sexuellen Wanderungen des Lamas durch das gesamte Gebiet des Himalaja formen sich nach einem einzigen Muster. Taucht der Lama zum ersten Mal im Leben eines Mädchens auf, singt er ihr gewöhnlich ein *gur*, ein poetisches Lied, das persönliche religiöse Erkenntnisse beinhaltet (in Kunleys Fall auch durchdrungen ist von sexueller Zweideutigkeit). Das Herz des Mädchens füllt sich mit Hingabe, sobald sie seinen spirituellen Erleuchtungszustand erkannt hat, und sie fügt sich seinen Annäherungen bereitwillig, in denen sie «mehr Vergnügen und Befriedigung findet, als sie jemals zuvor erlebt hat». Wenn der Sex vorbei ist und der Lama sich vorbereitet zu gehen, entdeckt das Mädchen in sich das im Buddhismus hoch geschätzte Gefühl der «Ablehnung der Welt» und besteht darauf, ihm zu folgen, um sein eigenes spirituelles Leben zu beginnen. Kunley weigert sich anfänglich, gibt dann aber nach. Wenig später jedoch, nachdem die junge Frau sich in ihrer Meditation an einem einsamen Ort eingerichtet hat, den er für sie ausgewählt hat, verlässt sie der

Lama, um seine Reisen fortzusetzen. Seine Lehre für die Frauen scheint zu sein, dass letztendlich kein Mensch die Quelle des Glücks für einen anderen sein und den Durst nach der Liebe stillen kann; nur die Verwirklichung der Buddhaschaft bringt diese Erfüllung.

Für einen erleuchteten Meister wie Kunley, der für alle fühlenden Wesen Mitgefühl hat, der lieber mit der ganzen Welt verheiratet wäre als mit einer einzigen Frau, sind alle Frauen potenzielle sexuelle und spirituelle Partnerinnen. Für ihn kann es keine romantische Exklusivität geben – weder sexuell noch spirituell. Gerade die Kürze seiner sexuellen Affären genauso wie auch ihre glühende Intensität unterstreichen die Bedeutung, die der tantrische Buddhismus der Sexualität als Mittel zur Erleuchtung einräumt, während gleichzeitig betont wird, dass auch sexuelle Leidenschaft flüchtig und vergänglich ist, wie alle authentischen Erfahrungen. Bevor wir mit Kunleys Geschichte der sexuellen Spiritualität fortfahren, müssen wir kurz abschweifen und auf die Rolle, die die Sexualität in der buddhistischen spirituellen Praxis einnimmt, zu sprechen kommen.[2]

In den Hinayana-Schulen, die unter anderem in Sri Lanka und Thailand vorherrschend sind, geht man davon aus, dass die sexuelle Leidenschaft Qualen erzeugt und daher ein Hindernis auf dem Weg des spirituellen Wachstums darstellt – wie auch die anderen *kleshas* (Aggression, Unwissenheit, Neid und Stolz). Im Gegensatz zu den asketischen Praktiken anderer religiöser Traditionen (man muss sich nur der erstaunlichen Selbstdisziplin einiger Hindu-Yogis und christlicher Wüstenväter erinnern) versucht der Buddhismus nicht, die Hindernisse, die mit der Sexualität einhergehen, durch Zwang und Selbstkasteiung zu überwinden, sondern an ihrer sanften Transformation zu arbeiten. In der *shamatha*-Praxis der sitzenden Meditation ohne tatsächliches Ziel (vergleichbar mit dem *zazen* des Zen-Buddhismus) werden sexuelle Lust und Begehren unter der Obhut eines beobachtenden, doch gütigen Bewusstseins erfahren, so dass diese machtvollen Gefühle in eine Art rohe Sensitivität und Verletzbarkeit transformiert werden können und sich letztendlich zu der Empfindsamkeit und Empathie des «erwachten Bewusstseins», dem *bodhicitta*, wandeln.

In der Mahayana-Tradition, die unter anderem in China und Japan vorherrscht, versucht man die Sexualität mit den Mitteln der Empathie zu einer Brücke zu anderen Wesen zu verwandeln – mithilfe der Tugenden (*paramitas*) Geduld, Disziplin, Großzügigkeit, Fleiß und Meditation. Und tatsächlich – geht man von der Gefahr aus, die die Sexualität für unsere Selbstbeherrschung darstellt – ist sie die richtige Stelle, um die *paramitas* zu praktizieren. Die psychischen Gefahren der Sexualität sind vielfältig. Die Unersättlichkeit der Liebe mit ihrem heftigen, verzehrenden Verlangen wirkt angesichts des möglichen Verlusts des geliebten Menschen bedrohlich. Nackt durch unser Begehren, sind wir durch Missbilligung, Kränkung und Ablehnung verletzbar. Wenn wir die Hüter der gesellschaftlichen Ordnung und die Wächter ihrer Tabus herausgefordert haben, zittern wir vor der Strafe, vor der Entmannung oder, allgemeiner gesprochen, dem Verlust unserer geschlechtlichen Identität. Schlimmer noch ist für viele das Gespenst einer unnachgiebigen Selbstbestrafung – eines brennenden, drückenden Schuldgefühls.[3] Die Praxis der *paramitas* soll helfen, solche Gefahren zu neutralisieren und sexuelle Leidenschaft aus einer unachtsamen Lust in eine fundamentale Mahayana-buddhistische Tugend liebender Freundlichkeit (*maitri*) und warmen Mitgefühls (*karuna*) zu verwandeln. Das Ziel ist eine Verfeinerung in der alchemistischen Verwandlung sexueller Leidenschaft zu einfühlsamen und tatkräftigen Handlungen für andere, die nun von dem guten Willen der *maitri* und *karuna* geleitet werden. Mahayana-Altruismus entwickelt sich somit aus der Leidenschaft; seine *Agape* ist nicht getrennt, sondern erwächst aus dem Eros.

Im Vajrayana, der Schule des tibetischen Buddhismus, ist Sexualität eine universelle, schöpferische Kraft. Die Hinayana- und Mahayana-Praktiken werden hier nicht verworfen, sondern eingegliedert und teilweise umgewandelt. Die tantrischen Praktiken des Vajrayana sollen die *klesha* der Leidenschaft (wie auch die anderen *kleshas*) reinigen, so dass sie sich als Form erleuchteter Weisheit – als Buddha-Natur – enthüllt. In der erleuchteten Form ist sexuelle Leidenschaft *padma*, der Lotos, eine wunderschöne Blume, die aus dem Schlamm heraus wächst. Sofern die Sexualität die altruistischen Verbindlichkeiten der Mahayana-Schule oder die Hinayana-Richtlinien nicht verletzt, wird sie im Vajrayana-Buddhismus als eine willkommene und machtvolle Hilfe auf dem Weg spiritueller Vervollkommnung angesehen.

Heilige müssen nicht tibetische Buddhisten oder Vertreter anderer «Verrückte-Weisheits»-Traditionen der Welt sein, um leidenschaftlich zu sein. Es ist zutiefst irreführend, einen Heiligen mit jemandem gleichzusetzen, dessen Friedfertigkeit an Blutlosigkeit grenzt, mit jemandem, der bewegungslos und unbewegt von menschlicher Leidenschaft ist. Die christliche Heilige Teresa von Ávila, die zwar über die Ursache der Leidenschaft im Wesen von Heiligen schweigt (und die die Vorstellung, Leidenschaft sei sublimierte Sexualität, wahrscheinlich abgelehnt hätte), versteht Leidenschaft dennoch als einen notwendigen Bestandteil der Heiligkeit. Menschen, die in Gott vertieft sind, sagt sie uns, können nicht kalt und empfindungslos in ihren Beziehungen zu anderen sein. «Nein», verkündet sie, «sie werden andere viel stärker lieben, als sie es vorher vermochten, mit einer wahrhaftigeren Liebe, mit größerer Leidenschaft und mit einer Liebe, die mehr Gewinn verspricht; das ist die Liebe im eigentlichen Wortsinn.»[4] Der tantrische Meister ist ebenfalls nichts, wenn er nicht leidenschaftlich ist, aber anders als der christliche Heilige erkennt er das schöpferische Feuer der Sexualität als Quelle aller Leidenschaften an und heißt es willkommen.

Um mit unserer Geschichte fortzufahren: Die kurze Darstellung von Kunleys Begegnung mit einer Frau, die als seine bevorzugte Liebhaberin beschrieben wird (auch wenn ein erleuchteter Meister keine Günstlinge haben sollte), ist ein gutes Beispiel des Musters von Kunleys spirituell-sexuellen Ausschweifungen, in der sogar obszöne sexuelle Elemente freimütig mit philosophischen Ideen verflochten werden. «Am Pachang ruhte sich Drukpa Kunley vor dem Haus des Mädchens Namkha Dronma aus und wartete darauf, dass sie erschien. Das Mädchen sah ihn vom Fenster aus, und obwohl sie ihn nie zuvor gesehen hatte, erweckte nur sein Anblick ihr spirituelles Potenzial [...].» Das Mädchen singt ihm daraufhin ein Lied, in dem sie ihn anfleht, eine Weile zu bleiben und sie zu unterweisen. Der Lama ist beeindruckt, und da er weiß, dass sie eine passende Kandidatin zur Initiation ist, antwortet er ebenfalls mit einem Lied, in dem er sagt, dass er Selbsterkenntnis nur denjenigen geben könne, die Hingabe besäßen.

«Wenn du also wünschst, die Buddhaschaft zu erlangen, zeige zuerst deinen Glauben und deine Hingabe.» Namkha Dronma serviert ihm Tee, *chung* und etwas zu essen. «Du bist sehr schön, Namkha Dronma», sagt er. «Bist du denn noch nicht verheiratet?» «Ich bin noch eine Jungfrau», antwortet sie. «Ja, ja», versichert er ihr, «wir werden es langsam tun!» Noch während er *chung* trinkt, nimmt er sie ins Haus. Bevor sie sich auf den Teppich setzen, sagt er: «Erst muss der Teppich geweiht werden. Leg dich hierhin!» Sie macht die Tür zu. «Wird es schmerzhaft sein?», fragt sie. «Nein, aber wenn du etwas Butter hast, bring mir davon.» Er schmiert ein wenig Butter auf seinen Donnerkeil und liebt sie. «Hat es weh getan?», fragt er, nachdem sie fertig sind. «Ich kann nicht genau sagen, ob es Vergnügen oder Schmerz war», erwidert sie, «aber ich weiß, dass ich mich jetzt besser fühle als jemals zuvor.» «Woran hast du gedacht?», fragt er. «Ich habe an nichts gedacht», erzählt sie ihm. «Ich habe nur gefühlt.» «So soll es sein», bestätigt er. Dann gibt er ihr Anweisungen zur «großen Glückseligkeit der unteren Tür». Er verbringt mehrere Tage mit ihr, enthüllt ihr das Wesentliche der «Perspektive der grundlegendsten Wahrheit» und schickt sie dann in die Berge zur Meditation.[5]

Diese kurze Geschichte vermittelt, indem sie den Rahmen der sexuellen Verführung nutzt, zwei grundlegende tibetisch-buddhistische Haltungen zur spirituellen Erleuchtung. Die erste ist die Bedeutung des vollständigen Glaubens und der bedingungslosen Hingabe an den Meister, einschließlich der Offenheit gegenüber seiner sexuellen Annäherung, wenn er dies wünscht. Dieses vollkommene Vertrauen in die Absichten des Meisters, das Unterdrücken jeglichen Zweifels, was die Angemessenheit seiner Handlungen betrifft, und die Schwächung des eigenen Urteils der Frau über ihre Gefühle und Reaktionen auf die sexuellen Neigungen des Meisters (da solch ein Urteil, wie ihr vermittelt wird, nichts weiter als die Überreste des «Ego» seien, das für den Fortschritt auf dem spirituellen Pfad aufgegeben werden müsse) werden heute anders hinterfragt und beflecken entsprechend die Reputation einiger Hindu-Gurus und tibetischer Meister, insbesondere derer, die seit den 1970er-Jahren in den Westen gereist sind. In der gegenwärtigen Welt, sensibilisiert durch feministische Bewegungen, die auf den potenziellen und tatsächlichen sexuellen Missbrauch in Machtverhältnissen aufmerksam machen, ist das Thema der Sexualität zwischen einem spirituellen Meister und seinen Schülerinnen nicht länger eine Privatangelegenheit. Der Dalai Lama verurteilt spirituelle Lehrer, die Sex mit Schülerinnen haben, und kommentiert, dass die grundlegendste Orientierung zu ethischem Handeln das Vorhandensein von Mitgefühl für alle Wesen sei.[6] Da ein Schüler emotional schutzbedürftig ist, können die Folgen sexueller Verführung durch den Lehrer unvorhersehbare Konsequenzen haben und richten sich daher gegen wesentliche buddhistische Richtlinien liebender Rücksichtnahme. Wie reagiert der Dalai Lama dann auf Drukpa Kunleys sexuelle Abenteuer und Verführungen? Kunley war ein Heiliger, hat der Dalai Lama geäußert, der die Folgen seiner Handlungen durch seine psychischen Kräfte vorhersehen konnte. Er war sich über den Nutzen im Klaren, den seine Verführungen langfristig bewirkten, denn als erleuchteter Meister hatte er die nicht-dualistische Ebene des «einen Geschmacks» erreicht. Auf dieser Ebene sind alle Erfahrungen die gleichen – Exkremente und Urin werden ebenso genossen wie die erlesensten Weine und die köstlichsten Gerichte. Traditionell ist die Praxis des tantrischen Sex nur denjenigen erlaubt, die sich mit Kunleys spiritueller Ebene messen können. «Was heutige Lehrer anbelangt, die mit vielen ihrer Schülerinnen schlafen», kommentierte Seine Heiligkeit und lachte dabei herzlich, «würden sie Urin, den man ihnen zu trinken gäbe, bestimmt *nicht* genießen.»[7]

Die zweite Haltung spiegelt sich in Namkhas Antwort auf Kunleys Frage, wie sie den Beischlaf erlebt habe: «Ich kann nicht genau sagen, ob es Vergnügen oder Schmerz war», und: «Ich habe an nichts gedacht. Ich habe nur gefühlt.» Dies ist der «eine Geschmack», ein spirituell hoch geschätzter Zustand der Nicht-Unterscheidung, ein Weder-dies-noch-das, ein geistig freier Zustand, begleitet von einem intensiven Gefühl bei gleichzeitig vollkommener Losgelöstheit. Stephen Butterfield beschreibt ihn in seiner persönlichen Erfahrung mit dem buddhistischen Tantra folgendermaßen: «Der eine Geschmack bedeutet, dass man weder ja noch nein zu irgendeiner Erfahrung sagt, sondern diese, was auch immer geschieht, mit vollstem Bewusstsein ihrer Beschaffenheit, Eigenschaften, Verläufe, Echos und Nachwirkungen vollkommen durchlebt.»[8] Natürlich kann auch ein erleuchteter Heiliger gelegentlich stolpern und von diesem Ideal des «einen Geschmacks» abweichen. Auch Kunley, wie es in seiner Biografie liebevoll beschrieben wird, war da keine Ausnahme. Auch wenn er das spirituelle Potenzial aller Frauen durch leidenschaftliche, aber losgelöste Liebe erwecken möchte, versagt sein Körper doch im Falle einer achtzigjährigen Frau, die ihn in ihren Gebeten zum Schutz vor Kummer und Schmerz anruft. Als Kunley ihr enthüllt, dass er das Objekt ihrer Gebete sei, fordert ihn die Frau heraus: «Wenn du Drukpa Kunley bist, dann lass uns Geschlechtsverkehr miteinander haben!» Aber die Frau ist zu alt, und Kunley bekommt keine Erektion. «Vielleicht ist es besser, wenn wir spirituellen Verkehr miteinander haben, durch einige wenige, auserwählte Worte», sagt die Frau schließlich niedergeschlagen. Ein sehr erleichterter Meister beeilt sich, ihr diesen Wunsch zu erfüllen.[9]

Bewegt man sich vom Bereich des Spirituellen zu dem des Sexuellen, wo der eine Bereich weder für den anderen steht noch sich auf ihn reduzieren lässt, wo beide parallel zueinander verlaufen, aber eine starke «Wahlverwandtschaft» haben, zeigt sich der Lama als ein überaus «phallischer Heiliger»: lebendig und aktiv, voller Abenteuerlust, neugierig und vor Übermut und Unternehmungsgeist strotzend.[10] Die Geschichte seiner Reise durch den Himalaja ist entsprechend durchdrungen von phallischen Bildern, im Gegensatz beispielsweise zur Odyssee. In der Odyssee führen die Sehnsucht und das Verlangen eines Mannes, nach Hause zurückzukehren, zu einer Vorherrschaft «oraler» Bilder, in denen die Wünsche, sich auszuruhen, zu schlafen, beruhigt und ernährt zu werden, enthalten sind.[11]

Eine von Kunleys hauptsächlichen phallischen Eigenschaften, die seine Beliebtheit unter den Himalaja-Völkern erklärt, ist sein Gebrauch von Witz und Tücke, um die Aufschneidereien der Wichtigtuer bloßzustellen, also die Einflussreichen und Mächtigen ein wenig herabzusetzen. Im Falle Tibets kamen diese überwiegend aus der religiösen Aristokratie, es handelte sich vor allem um verehrungswürdige Äbte der berühmten Klöster. Seine unerhörten Bemerkungen und Handlungen wurden mit herzlichem Gelächter von den Laien begrüßt, trugen ihm jedoch düstere Blicke der

Mönche ein. Eines Tages, als er in Lhasa weilte, entschied Kunley sich, Tsongkhapa im Ramoche-Tempel am Stadtrand zu besuchen. Der große Mann war für seine überragende Intelligenz bekannt und wurde als der wahre Manjusri betrachtet – der Bodhisattwa des Wissens. Die Mönche verweigerten Kunley jedoch den Zugang zu Tsongkhapa, da er kein formelles Geschenk mitgebracht hatte. Der Lama protestierte. Er sei sich dieser Regel nicht bewusst gewesen und werde gern das nächste Mal mit einer Gabe kommen. Die Mönche aber blieben unnachgiebig. «Wenn es absolut nötig ist, habe ich dieses wunderbare Paar Hoden, das meine Eltern mir mitgegeben haben», bot der Lama schließlich an. «Würde das reichen?» Erbost über seine Unverschämtheit, jagten ihn die Mönche davon. Als er von einem Paar, dem er zu einem Sohn verholfen hatte, sehr viel Gold geschenkt bekam, machte Kunley sich erneut auf den Weg zum Ramoche-Tempel. «Hast du immer noch deine Eier als Gabe?», fragten die Mönche. «Nein. Diesmal habe ich Gold, um es ihm darzubieten», antwortete der Lama. «Dann kannst du gleich eine Audienz haben.» «Ja, ja», lachte der Lama, «wenn man Gold zu bieten hat, ebnet sich der Weg sofort.» Und er dachte bei sich, dass er den Mönchen die Augen öffnen wolle. Zu Tsongkhapa geleitet, verneigte er sich vor seiner Goldkiste und sprach: «Ich verneige mich vor dem Erleuchter unserer Dunkelheit, der Krone der tibetischen Weisen, Tsongkhapa! [...] Ich verneige mich vor dem Liebhaber des Reichtums und des Komforts – möge dieses Goldgeschenk ihm Herzensfreude bereiten! Ich verneige mich vor demjenigen, dessen Blick sich von einem armen und niedrigen Anhänger abwandte, als dieser dich im letzten Jahr in meiner Gestalt ohne Opfergabe besuchte!» «Oh, Herr aller Wesen, Kunga Legpa, du sprichst wahrheitsgemäß, und es ist gut, dich zu hören», erwiderte Tsongkhapa.

Er knotete ihm ein beschützendes Band um und bat ihn, seinen Segen anzunehmen. «Du brauchst nicht mehr als dies», sagte er. «Trage es!» Der Lama nahm das Geschenk an und verabschiedete sich. «Was soll ich mit diesem Band anfangen?», dachte er sich. «Es ist nicht angenehm um den Hals zu tragen, aber ich habe keine Tasche, wo ich es hineintun könnte, und an meinen Händen will ich es auch nicht haben. Am besten binde ich es um meinen Penis, der sauber ist und nichts zu tragen hat.» Also wickelte er das Band um seinen Penis und ging zum Markt. «Seht, seht!», rief er. «Wenn ihr 50 Goldstücke habt, könnt ihr eine Audienz mit dem Buddha Tsongkhapa höchstpersönlich bekommen. Vielleicht gibt er euch sogar eines von diesen hier.» Und er schwang sein Glied mit dem darum gebundenen Bändchen in der Luft.[12]

Kunley hat eine Menge solcher Untergrabungen der Autorität auf Lager. Statt sich beispielsweise vor der Stupa in der Mitte eines Klosters zu verbeugen, kniet Kunley sich zwischen die Schenkel einer Frau, den Ort, von dem «alles Gute und Schlechte in diese Welt kommt».[13] Bei anderer Gelegenheit lässt er ebenfalls in einem Kloster inmitten der Versammlungshalle «wie ein Drachen» einen fahren, sehr zum Ekel der Mönche, die sich die Nasen zuhalten, jedoch zum Vergnügen kichernder Novizen, weshalb noch heute die hinteren Reihen, in denen die Novizen sitzen, nach Räucherstäbchen duften, während der heilige Duft die vorderen Reihen der Älteren nie erreicht.[14]

Kunleys Ansicht der offiziellen Religion und der kirchlichen Einrichtungen wird gut in einem seiner Lieder wiedergegeben:

«Glücklicherweise bin ich kein gewöhnlicher Ritual-Lama / der Gefolgschaft sammelt, Macht und Reichtum, / ohne Zeit, die Fülle des Lebens zu erleben. / Glücklicherweise bin ich kein gebildeter Mönch / der nach Liebhabern unter den Novizen giert, / ohne Zeit, die Sutras und Tantras zu studieren. / Glücklicherweise lebe ich nicht in einer Bergeinsiedelei / hingerissen von dem Lächeln der Nonnen, / ohne Zeit, über die drei Gelübde nachzudenken.»[15]

Seine eigene religiöse Vision ist zutiefst humanistisch und legt keinen Wert auf Rituale und esoterische Elemente im buddhistischen Glauben, sondern auf die zentrale Botschaft des Mitgefühls. Strebe nicht danach, die dünne Luft spiritueller Höhen zu atmen, scheint der Lama zu sagen. Das ist ein schwieriges Unterfangen, oft von Selbsttäuschungen durchkreuzt. Konzentriere dich lieber auf die leichtere Aufgabe, die negativen Aspekte deines eigenen Charakters zu beseitigen. Es ist einfacher, etwas aufzugeben, das man hat, als etwas zu erreichen, das man nicht hat.

Kunleys Botschaft ist unmissverständlich: Was in der Religion wichtig ist, sind nicht äußere Hüllen, sondern ihre Substanz – ein unschuldiges Herz voller Hingabe. Einen ungebildeten alten Mann, der sich danach sehnt, ein Zufluchtsgebet zu erlernen, das ihn auf den Tod vorbereitet, lehrt Kunley die folgenden Zeilen, die der alte Mann rezitieren soll, wann immer er an den Lama denkt: «Ich nehme Zuflucht in den gezüchtigten Penis eines alten Mannes, verdorrt / an der Wurzel, gefallen wie ein toter Baum; / ich nehme Zuflucht in die schlaffe Vagina einer alten Frau, eingestürzt, / nicht mehr penetrierbar und wie ein Schwamm; / ich nehme Zuflucht in den potenten Donnerkeil eines jungen Tigers, / der sich stolz erhebt, gleichgültig gegenüber dem Tod; / ich nehme Zuflucht im Lotos der Jungfrau, erfülle sie mit glückseligen / Wellenbewegungen, befreie sie von Scham und Hemmungen.»[16]

Wann immer der alte Mann an den Lama dachte, und das war häufig, ob in Gegenwart von Besuchern oder während er mit seiner Familie aß, rezitierte er sein Gebet. Die Familie war schockiert. Sie erklärten ihn für verrückt und verbannten ihn für den Rest seines Lebens auf den Heuboden des Daches. Als er starb, sahen die Leute eine Aura des Regenbogenlichts auf dem Bett, auf dem der Leichnam hätte liegen sollen. Das Kloster, bekannt als Khyimed-Tempel, steht an dem Ort, an dem der alte Mann Kunleys Gebet rezitierend Erleuchtung fand.

Die zweite Hälfte von Kunleys Reise, auf der er das Hochland Tibets verlässt und sich in die Tal-Ebene Bhutans begibt, zeugt von einer deutlichen Veränderung, sogar einer Umkehrung in der Bewegung der unbewussten Fantasien, die die Erzählung strukturieren. Die Fantasien werden jetzt archaischer. Wenn eine Reise zum Symbol der Deutung eines Lebens wird, dann scheint Kunleys psychisches Leben in umgekehrter Richtung zum Altern zu verlaufen, von der Reife zu einer kindlichen Ebene, von phallischer Sexualität zu prä-ödipalen Vorstellungen. Die weiblichen Gestalten, denen er nun begegnet, sind häufig Hexen, weibliche Dämonen oder Schlangenmonster – sie alle sind infantile Bilder einer machtvollen und sexuell verschlingenden Mutter. Diese mütterlichen Bilder und die Kastrationsängste des kleinen Jungen, seine Furcht, seinen Penis (und seine heranreifende Identität) zu verlieren, sind offen und ungeschmückt. Als eine Dämonin in Form eines Fischmonsters auftaucht, sagt Kunley ihr mutig, er würde sich sogar ihrer schrecklichsten Erscheinungsform stellen – der eines riesigen Yoni-Monsters (eines Vagina-Monsters).[17] Hier wird die Bedrohung, die von den mütterlichen Genitalien ausgeht, nicht maskiert wie in den Bildnissen vom Kopf der Medusa oder der Gorgonen.

Die sexuellen Leidenschaften seiner Jugend mit schüchternen jungen Frauen, die enge Vaginen haben, gehören nun mehr und mehr der Vergangenheit an. Die Kämpfe mit den mütterlichen Monstern sind gewaltsam und rau. Kunleys Erfolg bei den Frauen liegt nicht länger in der sexuellen Vereinigung, um in potenziellen Dakinis die Buddha-Natur zu erwecken, sondern darin, die bösen Kräfte beängstigender Frauen zu binden und damit die Bewohner des Tals vor ihrem Terror zu bewahren. Die Begegnung des Lamas mit der Dämonin Long Rong beleuchtet den neuen Verlauf seines psychischen Lebens.

Diese spezifische Dämonin hatte Kunley schon einmal auf seinen früheren Reisen unterworfen. Sie regierte über ein

Tal, durch das der Lama auf dem Weg zu seiner bevorzugten Geliebten Namkha ritt. Die gigantische Frau «sitzt breitbeinig über dem Tal, ihre Brüste fliegen im Wind, ihr Haar schleift auf dem Boden, und ihr Geschlechtsorgan klafft zwischen ihren Schenkeln».[18] Sie verweigert Kunley den Durchgang. Kunley nimmt seinen erigierten Penis in seine rechte Hand, und während er ihn hochhält, greift er mit der Linken eine ihrer erschlafften Brüste. Dann singt er ihr ein Lied, in dem er seinen eigenen Mut rühmt; er ist «sogar angstfrei in deiner gewaltigen Vagina, Teufelsfrau».[19] Die Dämonin zieht sich zurück und versteckt sich in einem großen Felsblock, aber unser Held stößt seinen Penis in den Fels und zerschlägt ihn in tausend Stücke. Hier haben wir ein Symbol für die Erneuerung der Macht Kunleys durch sexuellen Kontakt mit der Mutter, die – statt des Vaters in der späteren Kindheit – als die Quelle aller Macht fantasiert wird. Es wird deutlich, dass die Dämonin Long Rong für die Mutter in den beängstigenden Fantasien des Kindes steht, als sie den Kampf aufgibt und sich vor der fantasierten Macht des Phallus des kleinen Jungen verbeugt. Die Fantasie des Kindes siegt, indem sich eine Transformation ereignet, in der sie nun wieder die beschützende und nährende «gute» Mutter wird, die ihre Angst auslösende Erscheinung erläutert: «Drukpa Kunley, Sieger deines eigenen Geistes! / Ich bin deine eigentliche Gefährtin, die du zurückgelassen hast. / Als du dich gegenüber menschlichen Mädchen öffnetest, / war ich zugegeben eifersüchtig und sann auf Rache. / Ich bitte dich, geduldig mit mir zu sein.» Dann erschien sie in der Mitte des Flusses und sah traurig und reumütig aus. Sie nahm ein Yak-Horn voller Reis und *chung* und bot es dem Lama würdevoll an, ihr Gelübde wiederholend, niemals einem lebenden Wesen schaden zu wollen.[20]

Wenn, psychologisch gesprochen, die Odyssee die Darstellung der Reise eines Mannes ist, der sich von seinen infantilen Beziehungen mit Frauengestalten hin zu einer erwachsenen «genitalen» Beziehung bewegt, dann haben Kunleys Reisen ihn in die entgegengesetzte Richtung getrieben. Die Überbewertung seines Penis am Anfang seiner Suche, ein Versuch, durch die Identifizierung mit dem väterlichen Phallus Macht zu erlangen, scheint in einem späteren Lebensstadium in den Hintergrund zu treten. Was wir im Alter bei Kunley sehen, ist ein Wiederaufleben der unbewussten Fantasien zu Beginn der Bewusstwerdung, als die Mutter sowohl Angst einflößend als auch nährend erschien. Sie ist bedrohlich und beschützend und wird als Quelle aller Macht wahrgenommen. Solche Regressionen sind, wie wir vorher bereits gesehen haben, in den Leben von Heiligen und Gurus nicht ungewöhnlich. Im Alter leben sie die Wiederauferstehung dieser prä-ödipalen Vorstellungen häufig aus, zur Bestürzung, um nicht zu sagen zum Horror ihrer Gefolgschaft und der unverhüllten Schadenfreude ihrer Widersacher.

◆

Kunley ist wahrscheinlich der einzige Heilige in den Weltreligionen, der fast ausschließlich mit dem Phallus und dessen schöpferischer Kraft identifiziert wird. Die Außenwände vieler bhutanesischer Häuser sind bis heute mit der unverhohlenen Darstellung seines erigierten Organs bemalt. Selbst in Thangkas – den heiligen tibetischen Rollbildern – wird er traditionell mit einem Stock dargestellt, der einen Peniskopf hat. Sein Phallus ist, wie wir gesehen haben, nicht nur die kindliche Imagination von Macht und Potenz, sondern auch Ausdruck «flammender Weisheit», die die Dämonen der Unkenntnis und Verblendung vernichtet und den Menschen zu seiner wirklichen Buddha-Natur erweckt. Letzteres ist ein Aspekt eines möglichen, idealen Zustands spiritueller Vollkommenheit – das lacanianische Reale. Wie gewöhnlich nutzt Religion hier den gleichen Stoff, der sich auch in den Werkstätten des Begehrens findet; was dabei herauskommt, sind oft transformierte Gebilde menschlichen Begehrens. Der phallische *vajra*, ein Symbol, das hilft, das spirituelle Streben im Menschen zu erfüllen, beschützt auch gleichzeitig das sexuelle Begehren des Kindes. Obwohl beide – Sexualität und Spiritualität – den gleichen Ursprung haben und eng miteinander verbunden sind, laufen sie meist, wie die Gleise eines Zuges, parallel zueinander. Sie berühren sich nur selten im leeren Raum, der sich ewig zwischen ihnen dehnt, können sich aber in unseren kreativsten und lebendigsten Momenten verlockend streifen.

Erst wenn sich der Bühnenvorhang schließt und sich das Repertoire der Theatervorstellungen des Begehrens erschöpft hat, scheint der Auftakt zur mystischen Erleuchtung gegeben zu sein. Für die meisten von uns tritt das Zuziehen des Vorhangs – das Ende des Begehrens – mit dem physischen Tod ein. Das trifft nicht auf den Mystiker zu. Während er verschiedene spirituelle Praktiken anwendet, um das Auslöschen der Illusionen und Schreckgespenster des Begehrens zu beschleunigen, glaubt man vom ihm auch, dass er eine größere Porosität gegenüber dem lebenslangen Drängen des «spirituellen Jenseits» hat, das danach strebt, sich über die Grenzen hinaus, die es mit dem Begehren teilt, zu manifestieren. Ein erleuchteter Mystiker erzeugt – um Bions Redewendung in einem anderen Kontext zu verwenden – einen «Strahl der intensiven Dunkelheit»[21], der die innere Topografie des Spirituellen beleuchtet, ein Land, das nicht von den Gesetzen des Lust- und Realitätsprinzips geleitet wird. Während dieses mystischen Erlebnisses überflutet das «spirituelle Jenseits» für eine Weile das Gelände des Begehrens und setzt seine vertrauten, wenn auch häufig beunruhigenden Züge unter Wasser.

Begehren und Geist haben ein gemeinsames Zuhause im Unbewussten, sie bewegen sich in einem psychischen Raum «tiefer als die tiefste Nische meines Herzens» und «höher, als am höchsten ich reichen kann»,[22] um eine Redewendung des heiligen Augustinus zu benutzen. Einer der Gründe, warum das «Zusammenleben» von Geist und Begehren nicht deutlicher hervortritt – warum das Unbewusste also fast ausschließlich mit dem Begehren gleichgesetzt wird –, liegt an den Metaphern, die benutzt werden, um das Unbewusste zu charakterisieren. Zum Beispiel wird eines der Pferde, das Platos Wagenlenker – der bewusste, rationale Teil des Geistes – kontrollieren muss, beschrieben als klapprig, großspurig, unanständig, zottelig an den Ohren, taub wie ein Laternenpfahl – ein Tier, das kaum auf Pferdepeitsche oder Ansporn reagiert.[23] Freud hat ebenfalls die Metapher des schwer zu kontrollierenden Pferdes genutzt, das *Es*, den «Kessel voll überschäumender Erregung», das gefährliche Kellergeschoss des geistigen Lebens, das im Unbewussten zu Hause ist. Diese Neigung, das Unbewusste mit dem wilden Gelände des Begehrens gleichzusetzen, ist nicht auf das westliche Denken begrenzt. Der Buddha vergleicht das Unbewusste mit einem wilden Elefanten, der überall dorthin wandert, wo «egoistisches Begehren oder Lust oder Vergnügen ihn hinführt».[24] Im hinduistischen Denken ist die Entsprechung des Unbewussten *chitta*. Metaphorisch ist *chitta* ein Affe, der von seinem Wesen her unruhig ist, Wein trinkt und damit noch unruhiger wird. Als ob das nicht genug wäre, wird er von einem Skorpion gestochen und (um das Bildnis der Unruhe zu vervollständigen) von einem Dämon besessen.[25] Dennoch ist im hinduistischen Denken die Unruhe der *chitta* nicht ihre «wahre» Natur. Vielmehr beginnt sie mit der Geburt zu existieren und verfestigt sich mit der menschlichen Entwicklung immer weiter. Die «wirkliche» Natur der *chitta* ist spirituell. In einer anderen Metapher ist *chitta* ein See mit schlammigem und aufgewühltem Wasser, das Wellen verursacht und somit den (spirituellen) Grund verdeckt, der nur sichtbar wird, wenn die Wellen sich gelegt haben und das Wasser sich beruhigt. Erst dann ist das fesselnde Schauspiel des Begehrens zu einem Ende gekommen.

5

Gandhi
oder Die Kunst der praktischen Spiritualität

Bekannt als «Vater der Nation» und als der Mann, der Indien aus fremder Vorherrschaft in die Unabhängigkeit führte, ist Gandhi auch eine führende Persönlichkeit in der Geschichte moderner indischer Spiritualität. Wie aber kann ein Psychoanalytiker, der dazu ausgebildet wurde, dem Heiligen und Spirituellen zu misstrauen, Gandhis Spiritualität gerecht werden? Ist er in der Lage, das Erbe seiner Disziplin – die Skepsis – zu überwinden? Kann der Analytiker an Gandhis Größe teilhaben oder sie anderen vermitteln, ohne sie zu idealisieren oder auf einen neurotischen Konflikt zu reduzieren? Ich bin entschlossen, es zu versuchen, auch wenn es Gandhi selbst dem verständnisvollsten Beobachter nicht leicht macht – verwiesen sei hier auf seinen lebenslangen Kampf gegen sein sexuelles Begehren, seine Zwanghaftigkeit in Bezug auf jegliche Nahrung und seine übersteigerte Moral, die ihn unmäßig selbstkritisch werden ließ.

Es gab auch andere Heilige, den heiligen Augustinus zum Beispiel, die einen Kampf gegen ihre Bedürfnisse geführt haben. Gandhi allerdings ist einzigartig darin, in ausführlichen Aufzeichnungen, die über neunzig Bände seiner Schriften füllen, die menschlichen Schwächen und seine Entschlossenheit zu dokumentieren, diese zu transzendieren. Die vielen Unvereinbarkeiten und offensichtlichen Widersprüche Gandhis werden von seiner unumstößlichen spirituellen Festigkeit zusammengehalten: der clevere Politiker und der Heilige; ein Sozialist, der aber auch zutiefst konservativ ist; ein Anarchist, der gleichzeitig Traditionalist ist; ein politischer und sozialer Aktivist, der auch ein Mystiker ist, ein religiöser Mensch, der jedoch so liberal ist, dass er sagen kann, er habe Gott selbst im Atheismus des Atheisten erkannt. Gandhi selbst war sich seiner Widersprüchlichkeit und seiner inneren Konflikte äußerst bewusst. Wenn er über Tolstoi schreibt, beschreibt er sich selbst: «Die scheinbaren Widersprüche in Tolstois Leben sind keine Befleckung oder ein Zeichen seines Scheiterns. Sie kennzeichnen vielmehr das Scheitern des Beobachters. Emerson hat gesagt, dass eine törichte Folgerichtigkeit der Kobold kleiner Geister ist. Wir wären vollkommen verloren, wenn wir versuchten vorzugeben, dass es in unserem Leben keine Widersprüchlichkeiten gäbe. Um so zu leben, müssten wir uns daran erinnern, was wir gestern getan haben, um es dann mit unseren heutigen Taten zu harmonisieren. In dem Bemühen, eine so törichte Harmonie aufrechtzuerhalten, müssten wir zur Unwahrheit greifen. Der beste Weg aber ist, der Wahrheit zu folgen, so wie wir sie in dem Moment wahrnehmen. Warum sollte es uns beunruhigen, wenn andere Widersprüche in uns sehen, wenn wir von Tag zu Tag Fortschritte machen? In Wahrheit ist das, was wie ein Widerspruch erscheint, kein Widerspruch, sondern Fortschritt. Und daher ist das, was in Tolstois Leben wie Widersprüchlichkeit aussieht, lediglich eine Täuschung unseres Geistes. Nur der einzelne Mensch selbst weiß, wie viel er in den Tiefen seines Herzens kämpft oder welche Siege er im Kampf zwischen *Rama* (dem idealen Menschen) und *Ravana* (dem dämonischen Gegenpol Ramas) erringt. Ein Außenstehender kann das gewiss nicht erkennen. Wenn ein Mensch strauchelt, denkt die Welt, dass es nicht weit her war mit ihm; und das ist zu seinem Besten! Man sollte der Welt diese Haltung nicht verübeln. Die Heiligen haben gesagt, man solle sich freuen, wenn die Welt schlecht über einen spricht, und vor Angst erzittern, wenn sie einen lobt.»[1]

Gandhi gibt im Folgenden Erklärungen für seine Neigung, seine privatesten, inneren Konflikte öffentlich zu diskutieren und Dinge einzugestehen, die viele als unbedeutende Fehlschläge betrachten würden, gemessen an dem moralischen Standard, den er sich selbst gesetzt hat. In der gleichen halb autobiografischen Manier fährt er fort: «Wenn wir uns auch nur der kleinsten Fehlschläge bewusst werden oder wenn wir der Unwahrheit für schuldig befunden werden, absichtlich oder nicht, sollten wir uns fühlen, als wären wir von Flammen eingeschlossen. Ein Schlangenbiss oder Skorpionstich sind ohne große Folgen, man findet viele, die sie heilen können. Gibt es aber jemanden, der den Stachel der Unwahrheit oder Gewalt herausholen und uns heilen kann? Gott allein kann das, und Er wird es nur tun, wenn wir uns ernsthaft bemühen. Daher sollten wir unseren Schwächen gegenüber wachsam sein und unsere Aufmerksamkeit darauf richten. [...] Hätte irgendwer bei Tolstoi auf eine Schwäche verwiesen, obgleich es wohl kaum einen Anlass dazu gab, da er in seiner Selbstreflexion rücksichtslos war, hätte er selbst diese Schwäche in überhöhtem Maße hervorgehoben [...].»[2]

Es ist dieses spirituelle Selbst, von dem der *Mahatma* – die «große Seele» – uns wiederholt sagt, dass es der bedeutendste und dauerhafteste Teil von seinem Selbst ist, etwas, das die tiefsten Schichten seines Seins durchdringt. «Es ist eine ständige Folter für mich», schreibt er am Schluss der Einführung zu seiner Autobiografie, «dass ich noch immer so weit entfernt von Ihm bin, der – wie ich weiß – jeden Atemzug meines Lebens bestimmt und dessen Kind ich bin.»[3] «Meine politische Arbeit erwuchs aus meinen spirituellen Vorbereitungen», sagt er an anderer Stelle und: «Mein *Mahatma*-Sein ist wertlos. [Ich bin Mahatma] aufgrund meiner äußeren Aktivitäten, aufgrund meiner Politik, die der geringste Teil meines Selbst ist und daher vergänglich. Was von unvergänglichem Wert ist, ist mein Insistieren auf Wahrheit,

Gewaltfreiheit und *brahmacharya* [Zölibat], die mein eigentliches Wesen sind. Dieser bleibende Teil, egal wie klein er auch sein mag, darf nicht verachtet werden. Er ist mein ein und alles.»[4]

Ich werde nicht auf die in der Kindheit verwurzelten Ursprünge von Gandhis spirituellem Selbst eingehen, etwas, das von meinem Lehrer Erik Erikson in seinem wunderbaren Buch *Gandhis Wahrheit* ausführlich behandelt wurde.[5] Erikson, eine herausragende Persönlichkeit in der Geschichte der Psychoanalyse, glaubte fest daran, dass die psychoanalytische Neigung, die Ursachen der gesamten Entwicklung eines Menschen in seinen Kindheitskonflikten zu suchen, der Erkenntnis über ihn nicht immer zuträglich sei. Einen Menschen von der Größe Gandhis auf seine frühen Kindheitstraumata zu reduzieren, ist sowohl vom methodischen Ansatz her falsch als auch in der Konsequenz unbefriedigend, da dies anderen die Möglichkeit verschließt, an Gandhis Botschaft und Person teilzuhaben. Einen herausragenden Menschen auf seine Traumata zu reduzieren, mag zwar einer übertriebenen Idealisierung entgegenwirken, aber es dämpft auch die Bewunderung, die nötig ist, um sich diesem Menschen zu öffnen, der zum Spiegel unserer Ideale wird. Um es in der uneleganten Sprache der Psychoanalyse auszudrücken, die Bewunderung ermöglicht, dass wir uns unseren Ich-Idealen öffnen. Daher werde ich im Folgenden als ein großer Bewunderer Gandhis sprechen, der jedoch darum bemüht ist, von einer Idealisierung Abstand zu nehmen.

Was ist dieses «spirituelle Selbst», das das wesentliche Motiv in Gandhis Leben ist? Gandhi selbst nannte es unterschiedlich «Geist» oder «Wahrheit», was er mit Gott gleichsetzte. «Ich habe Gott immer als Wahrheit gekannt», schreibt er an Kinder seiner *Ashram*-Schule. «Es gab eine Zeit, in der ich die Existenz Gottes anzweifelte, aber selbst in dieser Zeit zweifelte ich nicht an der Existenz der Wahrheit. Diese Wahrheit ist keine materielle Qualität, sondern reines Bewusstsein, das allein das Universum zusammenhält. Sie ist Gott, weil sie das gesamte Universum beherrscht. Für mich ist das fast eine unmittelbare Erfahrung. Ich sage ‹fast›, weil ich Gott – der die Wahrheit ist – nicht von Antlitz zu Antlitz gesehen habe. Ich habe lediglich einen Blick von ihm erhascht. Aber mein Glaube ist unerschütterlich.»[6] Es war der Geist, seine «innere Stimme», die ihm diktierte, wie er sich in den unterschiedlichsten Situationen zu verhalten hatte, als er bereit war, ihn zu hören. «Ich behaupte nicht, genau zu wissen, dass alle meine bewussten Gedanken und Taten durch den Geist gelenkt werden. Aber wenn ich die größten wie auch die kleinsten Schritte in meinem Leben betrachte, glaube ich, dass es nicht übertrieben wäre zu sagen, dass sie alle von Geist geleitet wurden.»[7]

Bei vielen nichtreligiösen Menschen – und ich schließe mich da selbst mit ein – löst die Beschäftigung mit dem «Geist» aufgrund seiner starken religiösen Konnotation ein Gefühl des Unbehagens aus. Die Verbindung von Religion und Geist ist alt. Die Griechen nannten diesen verborgenen Teil der menschlichen Natur, der manche von ihnen erinnerungswürdige Taten oder großartige Leistungen vollbringen ließ, *entheos*, den inneren Gott. Und tatsächlich, in den meisten Religionen wird die Manifestation des Geistes im Menschen als untrennbar vom Willen Gottes oder der göttlichen Enthüllung betrachtet. Auch Gandhi benutzte bei vielen Gelegenheiten eine religiöse Sprache, um seine spirituelle Sehnsucht als einen Zustand der Kommunikation mit Gott zu beschreiben, einer Hingabe an Seinen Willen, um Sein Werkzeug zu sein.

Die religiöse Vereinnahmung von Geist sollte Menschen ohne Gottesglauben jedoch nicht veranlassen, die Existenz dieser mysteriösen Energie und ihre Rolle, die sie für die menschliche Kreativität spielt, reflexartig abzulehnen. Saul Bellow bezog in seiner Nobelpreisrede einen Standpunkt, den einige von uns Nichtgläubigen auch vertreten, die einen

Funken dieser versteckten Energie erfahren haben, einer Energie, die nicht ich-zentriert ist und sich anfühlt, als ob sie nicht von unserem normalen, alltäglichen Selbst, mit dem wir so gut vertraut sind, ausstrahle, sondern von irgendwo anders herkomme. «Unsere wirklichen Kräfte – Kräfte, die wir aus dem Universum selbst erlangen – kommen und gehen. [....] Wir zögern, darüber zu sprechen, weil wir sie mit nichts beweisen können, weil unsere Sprache unzulänglich ist und weil wenige Menschen gewillt sind zu riskieren, darüber zu reden. Sie müssten sagen, dass es Geist gibt, und das ist tabu.»[8] Auch Mirza Ghalib, der große Urdu-Dichter des 19. Jahrhunderts, hat diese Erfahrung gemacht, denn er sagt: «Meine Gedanken kommen zu mir / von irgendwo jenseits / wenn Ghalib eingestimmt ist / auf die Musik der Sterne.»[9] Künstler haben diesen Geist ihre Muse genannt, und es gibt kaum einen, ganz gleich ob es sich um einen Agnostiker oder einen Atheisten handelt, der nicht an die Existenz einer Muse glaubt und der nicht seine eigenen magischen Techniken hat, sie heraufzubeschwören und zu kontrollieren.[10]

Gandhi, ein außergewöhnlicher Künstler des politischen und öffentlichen Lebens, hat seine eigenen Methoden entwickelt, die Muse – seine berühmte «innere Stimme» – anzurufen. Diese Methoden entsprechen einer Serie von Experimenten in Selbstkultivierung und sozialem Handeln, und einige dieser Experimente beschreibt er in seiner Autobiografie, die treffend *Eine Autobiografie oder Die Geschichte meiner Experimente mit der Wahrheit* betitelt ist. Das Bemühen, sein persönliches und politisches Leben nach seinem spirituellen Selbst auszurichten, verlief nicht ohne Fehlschläge. Sein Kontakt mit der inneren Stimme war häufig unterbrochen, insbesondere gegen Ende seines Lebens, was ihm einen Zustand psychischer Depression und spiritueller Qual bescherte. Dennoch sind der von Misserfolgen begleitete Weg Gandhis und die Einsichten, die ihm durch seine Experimente mit der «Wahrheit» offenbart wurden, für uns alle wichtig; nicht als

Verordnung, der man blind folgt, sondern als Anregung, unseren eigenen Zugang zu der flüsternden, inneren Stimme zu finden und die Rolle des Spirituellen im kollektiven Leben zu überdenken.

Gandhis spirituelle Herangehensweise ist einzigartig, insofern, als er eine Vision des spirituellen Lebens umrissen hat, die nicht darauf abzielt, der Welt zu entsagen, sondern sie zu verändern. Gandhis Spiritualität steht nicht abseits von der Last des Alltags, sondern durchdringt sie. Er hat uns eine genaue Vision davon geliefert, wie ein Mensch seinem spirituellen Schicksal in einer Welt nachgehen kann, in der Ungerechtigkeit, Ausbeutung, Zwietracht und Gewalt weit verbreitete Flüche sind. Politikern zeigte er, dass Doppelbödigkeit und aggressive Intriganz nicht die einzigen Wege zum Erfolg sind, sondern dass eine Politik des Gewissens, die nicht von machiavellistischer List beherrscht wird, sondern von der Achtung vor Wahrheit und Gemeinschaftsgefühl, durchaus möglich ist. Für die meisten Menschen ist das, was ich hier Gandhis «praktische Spiritualität» nenne, um ihr Leben zu leben, relevanter als die spirituelle Suche zurückgezogener Heiliger, die in ihren Klöstern, Einsiedeleien oder Höhlen meditieren. Gandhi erzählt: «Nach 35-jähriger Erfahrung im Dienst am Menschen in verschiedenen Teilen dieser Welt habe ich noch immer nicht recht verstanden, dass es so etwas wie einen spirituellen oder moralischen Wert abseits von Arbeit und Handlung geben soll.»[11] Und an anderer Stelle: «Meine spirituelle Suche, ob sie originell ist oder nicht, hat immer im Dienst der Gemeinschaft gestanden.»[12] Es ist diese praktische Spiritualität, Gandhis Vision unseres Engagements in unserem politischen und sozialen Umfeld, die ich im Folgenden etwas genauer anschauen möchte.

Der Kern der praktischen Spiritualität ist die Entwicklung dessen, was verschiedentlich Empathie genannt wird, ein Gemeinschaftsgefühl mit allen fühlenden Wesen. «Bruderschaft», schreibt Gandhi in einem Brief, «ist im Moment nur ein fernes Ziel. Für mich ist das eine Probe wahrer Spiritualität. Alle unsere Gebete, unser Fasten und unsere Rituale sind ein leeres Nichts, solange wir nicht eine lebendige Verbindung zu allem Leben haben.»[13] Einer seiner vielen Kritiker – und es gab während seines Lebens und selbst danach viele – vertrat die Ansicht, dass Gewalt ein Naturgesetz sei und der Mensch vor allem ein Tier und erst dann ein Mensch sei. Gandhi antwortete darauf, dass der Mensch nur so lange als Tier klassifiziert werden könne, solange er seine Menschlichkeit *bewahre*, und fuhr fort: «Der Korrespondent entschuldigte sich dafür, angedeutet zu haben, dass ich mich als entfernten Verwandten des Affen betrachtet haben könnte. Die Wahrheit ist, dass meine Ethik mir nicht nur erlaubt, sondern es von mir verlangt, mich als Verwandten nicht nur des Affen, sondern auch des Pferdes und des Schafs, des Löwen und des Leoparden, der Schlange und des Skorpions zu sehen [...]. Die strenge Ethik, die mein Leben bestimmt – und ich bin der Meinung, sie sollte das jeder Frau und jedes Mannes bestimmen –, erlegt uns diese einseitige Pflicht auf.»[14] Gandhi genügt die Entwicklung von Verwandtschaftsgefühlen allein nicht, sondern er fordert die Verantwortung des Einzelnen, sie im Alltagsleben sowie in sozialen und politischen Handlungen umzusetzen. Auf seinen öffentlichen Veranstaltungen hat er oft den Vers aus Matthäus (7,21) zitiert: «Nicht jeder, der zu mir sagt: ‹Herr, Herr!›, wird eingehen in das Himmelreich; sondern wer den Willen meines Vaters tut, der im Himmel ist.» Für Gandhi ist der «Wille des Vaters» die Verweigerung, jemandem Schaden zuzufügen, ihm «in Gedanken, Worten oder Handlungen aus üblem Willen oder Selbstsucht zu schaden».[15]

Gandhi versteht altruistisches Handeln als Gesetz des Lebens in Übereinstimmung mit Gottes Willen. Dieses altruistische Handeln beruht auf der Entwicklung von Empathie – einer Leistung, die höher als alle anderen Formen menschlicher Kreativität, künstlerischer und wissenschaftlicher, bewertet wird. Die Ausbildung eines solchen Einfühlungsvermögens existiert in unterschiedlichsten Abstufungen. Für Gandhi ist es der Inbegriff des upanischadischen Ideals vom Menschen, «der alle Wesen in sich selbst sieht und sein Selbst in allen Wesen sieht». Sowohl Altruismus als auch Empathie haben in den vorherrschenden Strömungen des modernen Denkens einen umstrittenen Platz. Ökonomische Theorien beispielsweise bauen auf der Prämisse des *homo oeconomicus* auf – ein Menschenbild, in dem rational, egoistisch und eigennützig gehandelt wird. Hier fühlt man sich mit altruistischem Verhalten ebenso unwohl wie in der Soziobiologie mit ihrem Glauben an das «eigennützige Gen», das als wesentlich für den evolutionären Fortschritt angesehen wird.

Und wie sieht es mit meiner eigenen Disziplin, der Psychoanalyse, aus? Die Psychoanalyse ist genauso ein Produkt des modernen Westens und der Aufklärung wie die anderen Wissenschaften. Auch sie ist gegenüber altruistischem Verhalten zutiefst misstrauisch. So wie die Soziobiologie einen beschränkten Altruismus im Tierreich anerkennt, im Sinne eines Selbstopfers, von dem der Gruppenverband profitiert, akzeptiert auch die Psychoanalyse den «Proto-Altruismus» elterlicher Fürsorge.[16] Im Allgemeinen allerdings wird dem menschlichen Altruismus im psychoanalytischen Diskurs eine pathologische Grundlage zugeschrieben. Genauer gesprochen, Altruismus wird – falls er nicht von psychotischen Wahnvorstellungen geleitet wird, die zu bizarren Handlungen des Selbstopfers führen – als Unterkategorie des Masochismus betrachtet. Im psychoanalytischen Denken ist altruistisches Verhalten bei Individuen gewöhnlich eine Abwehr gegen starke aggressive Impulse und Neid, wie auch ein vom Über-Ich gesteuertes Bedürfnis, zu leiden und Opfer zu sein. Selbst bei weniger konfliktreichen Fällen neigt die Psychoanalyse dazu, Altruismus nicht als etwas Eigenständiges, sondern als Nebenprodukt eines «gesunden Narzissmus» zu verstehen. Mit anderen Worten, erst wenn ein Mensch sich selbst liebt, kann er auch andere lieben. Ein Psychoanalytiker spürt in einem altruistischen Menschen, der sich stets nach den goldenen Regeln verhält, also immer auch eine versteckte narzisstische Befriedigung. Was aber, wenn diese Dichotomie von Narzissmus und Altruismus falsch ist?

Ich würde behaupten, dass altruistische Empathie und ein gesunder Egoismus nicht im Konflikt miteinander stehen, sondern sich gegenseitig bedingen. Anderen Gutes zu tun bedeutet also, sich selbst Gutes zu tun. Konfliktfreies altruistisches Verhalten steigert das Selbstbewusstsein und trägt somit zu einem Gefühl persönlichen Wohlbefindens bei. Mit anderen Worten, nach den goldenen Regeln zu handeln – also moralischen Richtlinien zu folgen, die in allen Weltreligionen zu finden sind – ist für ein Individuum nicht nur wichtig für seinen spirituellen Fortschritt, sondern genauso für sein seelisches Glück.

Neuere Forschungen in der Neurosoziologie haben gezeigt, dass Empathie und altruistisches, von Empathie motiviertes Verhalten bereits in unserem Gehirn angelegt sind. Wenn wir den Schmerz eines Unbekannten mit ansehen müssen, aktiviert das ein ähnliches Schmerz-Netzwerk in unserem Gehirn, als würden wir den Schmerz selbst erfahren.[17] Zeuge guter Taten zu sein wiederum löst Gefühle der Hochstimmung aus (manche mögen das religiöse Gefühle nennen), die physiologisch mit der Freisetzung des Hormons Oxytocin zusammenfallen. In einem raffinierten Experiment versammelte der Sozialpsychologe Jonathan Haidt 45 stillende Mütter mit ihren Säuglingen in einem psychologischen Labor, in dem der Hälfte der Mütter Videos vorgeführt wurden, die altruistisches Verhalten zeigten, während die andere Hälfte sich Komödien ansah. Bei fast 50 Prozent der Mütter, denen moralisch erhebende Videos gezeigt wurden, stieg der Milchfluss stark an, oder sie stillten ihre Babys erst, nachdem sie das Video zu Ende gesehen hatten. So verhielten sich nur wenige Mütter, die sich die Komödie angeschaut hatten. Die erste Gruppe wandte sich ihren Säuglingen auch stärker zu, berührte sie, drückte sie an sich. Haidt kommentiert, dass «die Wirkung eine der stärksten war, die ich jemals beobachtet habe».[18] Andere Experimente zeigen das Vorhandensein altruistischen Verhaltens bei Kindern, die jünger als 18 Monate sind, und sogar bei zwei- bis dreijährigen Schimpansen, die einem bekannten Erwachsenen, der sich in einer Notsituation befindet, spontan helfen.[19] Gandhis Behauptung (den großen *homines religiosi* der Welt vor ihm folgend), dass empathischer Altruismus im sozialen Leben verankert sei, ist möglicherweise kein utopischer Traum, sondern evolutionäre Realität. Er betrachtete empathischen Altruismus als ein «spirituelles Gesetz», das er in der politischen Welt zu verankern suchte und von dem er glaubte, dass es von Menschen am einfachsten zu verstehen und leicht umzusetzen sei.[20] Was die Psychoanalyse betrifft, so sollte Altruismus möglicherweise nicht länger als eine Unterkategorie des Masochismus betrachtet werden.

Wir haben bereits darüber gesprochen, dass Empathie vorhanden sein muss, damit für Gandhi altruistisches Handeln spirituell wird. Er glaubte beispielsweise, dass sich Gewaltfreiheit nicht darin erschöpfen sollte, von der Zerstörung von Leben abzusehen, was einer bloßen Verweigerung gleichkäme, jemandem aktiv Schaden zuzufügen. «Gewaltfreiheit», schrieb er, «ist ein Ozean des Mitgefühls, sie verlangt, dass man jeglichen Impuls fallen lässt, anderen auch nur Schlechtes zu wünschen.»[21] Gewaltfreie oder altruistische Taten sind also nur dann spirituell, wenn sie von einer Vision der Liebe getragen werden. Auf der größeren politischen Bühne, wo nicht erwartet werden kann, dass die meisten Menschen, die an gewaltfreien Protesten teilnehmen, dieser Vision der Liebe folgen, ist es zumindest wesentlich, dass die Anführer der Bewegung sie teilen. Insofern betrachtete Gandhi gewaltfreien Widerstand – *satyagraha* oder «das Insistieren auf der Wahrheit» –, den er mit so viel Erfolg sowohl gegen das Apartheidsregime in Südafrika als auch gegenüber der britischen Kolonialherrschaft in Indien einsetzte, nur als ein Instrument. Abhängig von der spirituellen Reife und vom Grad des Empathie-Empfindens, kann gewaltfreier Widerstand für profane oder aber spirituelle Zwecke eingesetzt werden. Aus der spirituellen Perspektive soll *satyagraha* «die Herzen von beiden» erreichen, der sogenannten «Terroristen» (er spricht hier von den indischen Freiheitskämpfern) und der Regierenden, die danach trachten, die «Terroristen» auszulöschen, indem sie eine ganze Nation entkräften. «Aber», fährt Gandhi fort, «der indifferente zivile Widerstand vieler, so großartig er im Ergebnis auch war, hat weder die Herzen der ‹Terroristen› noch die der regierenden Klasse berührt. Unverfälschtes *satyagraha* muss die Herzen beider erreichen.»[22] Es ist ironisch, dass gerade der 11. September 2006 der 150. Geburtstag der Geburt von *satyagraha* in Johannesburg war – ein Datum, das inzwischen global mit Terror und Gewalt assoziiert wird.

Gandhi war sich natürlich der Tatsache bewusst, dass der Praxis der Gewaltfreiheit menschliche Grenzen gesetzt sind, genauso wie er auch die Gefahr, die der Narzissmus gegenüber altruistischen Bestrebungen darstellt, richtig einschätzte. «Ich glaube, dass es für jemanden, der in diesem Körper lebt, unmöglich ist, perfekte Gewaltfreiheit auszuüben. Ein gewisser Grad an Egoismus ist unvermeidlich, solange der Körper fortbesteht. Wir erhalten den Körper nur so lange, wie es Egoismus gibt. Körperliches Leben schließt daher Gewalt notwendigerweise mit ein [...]. Je näher wir uns auf ein Ideal zubewegen, desto weiter weicht es zurück. Während wir auf der Suche danach fortschreiten, realisieren wir, dass wir einen Schritt nach dem anderen gehen müssen. Niemand kann alle Stufen auf einmal erklimmen. Diese Sichtweise soll nicht als eine Feigheit des Geistes oder als Pessimismus missverstanden werden, es ist aber auf jeden Fall Demut darin erkennbar.»[23] Dennoch müssen wir im Blick behalten, woran uns der Sozialpsychologe Roy Baumeister erinnert. Er hat in seiner Untersuchung der Literatur zu Gewalt und Grausamkeit festgestellt, dass es auf individueller Ebene die Bedrohungen des Selbstwertgefühls sind – also narzisstische Kränkungen –, die für den größten Teil von Gewalt verantwortlich sind. Auf Gruppenebene ist es der moralische Idealismus, ein Aspekt des Gruppennarzissmus – also der Glaube an die überlegene Moral und Mission der Gruppe –, der zum Motor der Gewalt wird.[24]

Auf der Suche nach einer Anleitung, um den narzisstischen Kräften entgegenzuwirken, wandte sich Gandhi der *Bhagawadgita* zu, einem hoch geschätzten Text im Hinduismus. Für Gandhi ist die Hauptaussage der Gita, dass Handlung, die alle Formen geistiger und physischer Aktivitäten mit einschließt, eine unvermeidbare Folge des Lebens ist und dass die Spiritualität daher nicht vom materiellen Leben und den weltlichen Zielen des Menschen abgekoppelt werden kann.[25] Im Gegenteil, Spiritualität muss das Alltagsleben durchdringen. Mit anderen Worten, das spirituelle Leben muss aus dem menschlichen Narzissmus mit seinen Anziehungskräften der Gier, des Ehrgeizes und der Selbstzentriertheit herausgemeißelt werden. Der Weg, das zu erreichen – also den heimtückischen Narzissmus zu überwinden –, liegt nicht darin, auf Handlung zu verzichten, sondern auf die *Früchte* der Handlung zu verzichten. Anders ausgedrückt, da Handlungen im Leben unvermeidlich sind, muss man sich von den Ergebnissen dieser Handlungen loslösen, um das gelebte Leben zu «spiritualisieren». Diese Loslösung heißt aber nicht, dass man indifferent ist. «In Bezug auf jede Handlung», sagt Gandhi in seiner Interpretation bedeutender Verse der Gita, «muss einem das zu erwartende Ergebnis bekannt sein, man muss die Mittel kennen, die zur Erreichung des Ziels notwendig sind und die Kapazitäten dafür haben. Derjenige, der entsprechend vorbereitet ist, begegnet den Folgen seiner Handlungen ohne Begehren und ist dennoch von seiner Aufgabe vollkommen eingenommen. Von ihm wird gesagt, er habe allen Früchten seiner Handlung entsagt.»[26]

In einer psychologischen Sprache ließe sich sagen, dass für Gandhi ein leidenschaftliches, aber nicht narzisstisches Engagement der Weg zum spirituellen Fortschritt und zur «Spiritualisierung» des Lebens ist. Diese Akzeptanz der zentralen Botschaft der Gita ist für Gandhi die Voraussetzung dafür, einen Lebensweg in Wahrheit und Gewaltfreiheit zu führen. «Wenn es kein Begehren nach den Früchten der Handlung gibt, gibt es keine Versuchung der Unwahrheit oder *himsa* (Gewalt). Man kann irgendein Beispiel für das Auftreten von Unwahrheit oder Gewalt nehmen, und es wird sich zeigen, dass dahinter Begehren stand.»[27] Die Loslösung, also die Unterjochung des Narzissmus, geschieht nicht durch Erkenntnis, sondern durch das, was Gandhi verschiedentlich «Herzensaufwühlung» oder «Herzkultivierung» nannte. Er verstand darunter ein kompromissloses, unter ethischen Maximen gelebtes Leben, das mit tiefer Introspektion verbunden ist.

Wie sieht ein solcher Suchender aus, der auf Gandhis spirituellem Pfad so weit gekommen ist, sich also Gandhis «Ich-Ideal» angenähert hat? Ein «erleuchteter» Mensch oder ein *devotee*, wie Gandhi es nannte, zeichnet sich durch eine Reihe von Eigenschaften aus. Vor allem ist er furchtlos: «Furchtlosigkeit ist die erste Voraussetzung der Spiritualität. Feiglinge können niemals ethisch sein.»[28] Der *devotee* ist Lob und Tadel gegenüber gleichermaßen indifferent. Er bleibt ungerührt von Respekt und Respektlosigkeit und behandelt Glück und Misere gleich. Da er auf niemanden neidisch ist, wird er zur Quelle selbstlosen Mitgefühls. In Gandhis eigenen Verzweiflungszuständen, die gegen Ende seines Lebens zunahmen, hat er oft beklagt, dass er noch immer einen weiten Weg zu gehen habe, um sein Ideal zu erreichen. Dennoch gab es Zeiten, in denen er dieses Ideal voll gelebt hat – Zeiten voller Kraft, Einsatz und der Überzeugung, dass er in der

Wahrheit lebe, der Wahrheit, «wie man sie im Moment wahrnimmt».[29] Das waren die Zeiten, als er seine innere Stimme, auf die er viel gesetzt hatte, am deutlichsten hörte. Die innere Stimme ist für Gandhi die Stimme des Geistes oder Gottes – für Hindus ist das ein und dasselbe –, und Gandhi folgte ihrem Diktat konsequent, selbst wenn es den Ratschlägen seiner Freunde oder seiner nächsten politischen Gefährten entgegenstand. Die innere Stimme also plötzlich und unerwartet zu hören, wenn man sich in einer Krise befindet und sich quält, welchen Weg man gehen soll, ist ein Zeichen spiritueller Gnade; es ist ein Moment der Wahrheit.

Psychologen, abgeneigt, einen religiös gefärbten Begriff wie «Geist» zu benutzen, würden sagen, dass Gandhis Entscheidung über die Richtung, die er einschlagen soll, wenn er sich in einem Zustand der Ungewissheit und Mehrdeutigkeit befindet, aus den Tiefen seines Unbewussten kommt. Wissenschaftliche Experimente haben gezeigt, dass komplexe Entscheidungen lieber den unbewussten Prozessen überlassen werden sollten, was nicht heißt, dass man wichtige Entscheidungen impulsiv, ohne jegliches Nachdenken fällen sollte. Unser Gehirn braucht Zeit, alle wichtigen Informationen zu verarbeiten, und genau dort – beim Sammeln der Fakten und Daten – ist das Bewusstsein dem Unbewussten überlegen. Erst nachdem alle Informationen gründlich und bewusst gesammelt wurden, sollte der anschließende Prozess einer Entscheidungsfindung dem Unbewussten überlassen werden. Dieser «Moment der Wahrheit» stellt sich nur bei demjenigen ein, der sich vorher mit allen Aspekten eines Problems befasst hat, und zwar auf eine Art und Weise, dass er jederzeit für eine plötzliche Synthese bereit ist.[30] Gandhi hätte sich auf diesen Moment mit Fasten und in stillem Gebet vorbereitet, denn seine innere Stimme war in der Stille des Schweigens am beharrlichsten. Für andere stellt sich der «Moment der Wahrheit» an unterschiedlichsten Schauplätzen ein. Jeder kennt Anekdoten, in denen schwierige wissenschaftliche oder künstlerische Probleme vom Unbewussten gelöst wurden. Einstein beispielsweise war sehr vorsichtig beim morgendlichen Rasieren, weil ihm Ideen plötzlich während dieser Tätigkeit kamen und er vorsichtig sein musste, sich dann nicht mit der Rasierklinge zu schneiden. Und ein bekannter britischer Physiker erzählte dem Gestaltpsychologen Wolfgang Köhler einmal: «Wir sprechen oft von den drei Bs: Bus, Bad und Bett. Dort werden die großen Entdeckungen unserer Disziplin gemacht.»[31] Während künstlerische und wissenschaftliche Kreativität auf das Individuum beschränkt sind, erfordert die Kreativität in der sozialen und politischen Welt – Gandhis auserwähltes Aktionsfeld –, dass die Masse seine innere Stimme als ihre eigene erkennt. Die Masse würde das tun, glaubte Gandhi, wenn er selbst in einem Zustand spiritueller Gnade sei. Er benutzte oft das Gleichnis von der Rose: «Die Rose muss kein Buch schreiben oder eine Predigt halten über den Duft, den sie verströmt, auch nicht über die Schönheit, die jeder, der Augen hat, sehen kann. Nun, das spirituelle Leben ist der schönen und duftenden Rose unendlich überlegen. Es mag kühn von mir sein zu behaupten, dass in dem Moment, wo sich Spiritualität zeigt, die Umgebung bereitwillig darauf reagieren wird […]. Anders kann man mit Millionen [Menschen] nicht umgehen.»[32]

Gemäß Gandhis Haltung haben Rückschläge oder jegliches Scheitern gemeinschaftlicher und politischer Aktionen nur einen einzigen Grund: die spirituelle Unzulänglichkeit des Führers. Ein Führer sollte nicht danach beurteilt werden, was er oder sie zu sein beansprucht, sondern er sollte an dem Fortschritt seiner Anhänger auf dem Weg zur Gewaltfreiheit gemessen werden und an dem ethischen Standard der von ihm geschaffenen Institutionen. In einem Schreiben über den Ashram – die Gemeinschaft, die er um sich versammelt hatte und mit der er lebte – erklärte Gandhi seine Akzeptanz der übernommenen Verantwortung sehr deutlich: «Die

Mängel des Ashrams spiegeln meine eigenen [Mängel]. Ich habe vielen Menschen gesagt, dass sie mich nicht kennenlernen können, indem sie mich treffen. Wenn sie mich treffen, könnte ich sie möglicherweise damit beeindrucken, dass ich gut bin. Selbst wenn ich nicht gut bin, würde es Leute geben, die glauben, dass ich es bin, weil ich ein Liebhaber der Wahrheit bin. Meine Liebe für die Wahrheit wirft einen momentanen Zauber auf die Menschen. Um mich zu kennen, sollten die Leute den Ashram in meiner Abwesenheit sehen. Man würde keinen Fehler und keine Ungerechtigkeit mir gegenüber begehen, wenn man alle Unzulänglichkeiten als einen Spiegel meiner eigenen Unzulänglichkeiten betrachtet. Es ist wahr, dass ich die Menge, die sich im Ashram versammelt hat, angezogen habe. Wenn sie, obwohl sie im Ashram leben, ihre Schwächen nicht überwunden haben, sondern sie im Gegenteil sogar stärker entwickelt haben, liegt der Fehler nicht bei ihnen, sondern bei mir. Die Unvollkommenheit meines spirituellen Strebens ist verantwortlich für diesen Zustand.»[33]

Jede religiöse Kultur hat versucht, die Hindernisse auf dem Weg zum spirituellen Fortschritt zu umschreiben. Der Buddhismus beispielsweise sieht in den Elementen der Angst, der Gier und des Neides die Wurzeln menschlicher Verstrickungen, die ihn auf seinem Weg zur Befreiung behindern. Für den Hinduismus sind es die fünf Leidenschaften: das sexuelle Begehren, Wut, Gier, Verblendung und Egoismus. Für Gandhi war die Sexualität das größte Hindernis in seinem spirituellen Streben. Er setzte seine sexuellen Impulse mit der Unvollkommenheit der Rose gleich, die ihres Duftes und ihrer Schönheit beraubt wird, so dass die Umgebung nicht länger auf sie reagiert. Die Art und Weise, wie er diesen Kampf aufgenommen hat, und die Waffen, die er gewählt hat, um einen lebenslangen Konflikt mit dem «Gott des Begehrens» aufzunehmen, haben ihm den Hohn vieler eingebracht. Insbesondere im Westen wurden seine Ideen, die sich auf die

Sexualität bezogen, oft als Verschrobenheit betrachtet. Ich habe das Thema der Sexualität Gandhis genauso wie das damit zusammenhängende Thema der Ernährung an anderer Stelle behandelt.[34] Hier möchte ich nur kurz jenen Vorfall erwähnen, der damals die meisten Kommentare nach sich gezogen hat – sowohl in Indien als auch im Westen. Ich rede vom Vorabend der indischen Unabhängigkeit aus der kolonialen Herrschaft, als es zwischen Hindus und Muslimen in den östlichen Landesteilen zu gewalttätigen Auseinandersetzungen kam. Während die meisten indischen Politiker in Delhi damit beschäftigt waren, sich auf die Übertragung der politischen Macht vorzubereiten, marschierte der 77-jährige Mahatma Gandhi in persönlicher Mission durch die Dörfer Bengalens und Bihars, um den Frieden zwischen Hindus und Muslimen wiederherzustellen. Gandhi befand sich in einem Zustand großer Verzweiflung, da er fühlte, dass die Menschen ihm nicht länger zuhörten. Seine wenigen ihm nahestehenden Begleiter waren hilflose Zuhörer seiner qualvollen Schreie: «*Kya karun?* Was soll ich tun?», die mitten in der Nacht aus seinem Zimmer zu hören waren. «Ich befinde mich inmitten von Maßlosigkeit und Falschheit», schreibt er, «ich bin unfähig, die Wahrheit zu finden. Es gibt schreckliches gegenseitiges Misstrauen. Älteste Freundschaften sind zerbrochen. Wahrheit und *ahimsa* [Gewaltfreiheit], auf die ich schwöre und die mich meines Wissens für die letzten 60 Jahre aufrecht gehalten haben, scheinen die Tugenden, die ich ihnen zugeschrieben hatte, verloren zu haben.»[35] Auf der Suche nach einer Erklärung dafür, dass er in dieser kritischen Zeit Menschen und den Verlauf der Ereignisse nicht länger beeinflussen konnte, hat Gandhi charakteristischerweise über Mängel in seinem Umgang mit sexueller Abstinenz nachgedacht. Er versuchte herauszufinden, ob möglicherweise *Kama* – der Gott des Begehrens – in irgendeiner verdeckten Weise über seinen Geist triumphiert und ihn seiner spirituellen Kräfte beraubt habe. «Seitdem ich nach Noakhali gekommen bin, habe ich mir die Frage gestellt, was meine Aufrufe zur *ahimsa* [Gewaltfreiheit] zum Ersticken bringt. Warum funktioniert der Zauber nicht mehr? Könnte es sein, dass ich in der Angelegenheit des *brahmacharya* [Zölibat] etwas nachlässig war?», fragte er einen nahen Mitstreiter.[36] Aufgrund dieser quälenden Fragen entschied Gandhi sich, inmitten des landesweiten politischen Tumults und der religiösen Raserei in seiner wöchentlichen Zeitung eine Serie von fünf Artikeln über den Zölibat zu schreiben.

Aber noch auffälliger als seine Beschäftigung mit dem Zölibat in dieser Zeit waren seine privaten diesbezüglichen Experimente, bei denen der gealterte Mahatma sich selbst seiner eigenen Stärke zu versichern suchte. Er veranlasste, dass ihm nahestehende Frauen – darunter auch seine neunzehnjährige Enkelin – neben ihm im Bett schliefen, damit er sich am nächsten Morgen vergewissern konnte, dass dies weder bei ihm noch bei den Frauen irgendwelche Spuren sexueller Gefühle hervorgerufen hatte. Trotz der Kritik seiner nahen Mitstreiter verteidigte Gandhi diese Experimente beharrlich, da er sie als Übung der Selbstreinigung und als Prüfung seines Zölibats betrachtete. Er insistierte darauf, sie öffentlich zu machen, obwohl dieser Schritt von seinen Mitarbeitern allgemein abgelehnt wurde. «Wie kann es sich um eine Selbstreinigung handeln, wenn ich in meinem Geist einer Sache nachgehe, die ich nicht wage öffentlich zu machen? Braucht man von irgendjemandem Zustimmung oder Erlaubnis, um zu tun, was man als seine tiefste Pflicht empfindet? […] Ich mag Millionen enttäuschen, die darauf bestehen, in mir den Mahatma zu sehen. Ich muss gestehen, die Aussicht, so bloßgestellt zu werden, erfreut mich sehr. Tausende Hindu- und Muslimfrauen kommen zu mir. Sie sind wie meine eigene Mutter, wie Schwestern und Töchter. Aber sollte es dazu kommen, dass ich mit irgendeiner von ihnen [zölibatär] das Bett zu teilen hätte, werde ich nicht zögern, wenn ich der *brahmachari* bin, der ich beanspruche zu sein.

Wenn ich vor dieser Prüfung zurückschreckte, setzte ich mich als Feigling und Betrüger herab.»[37]

Ich möchte die Frage hier einmal beiseitelassen, ob Gandhis Experimente eine Selbstprüfung waren oder ob es sich um eine Periode der Verzweiflung und Regression eines alten Mannes handelte, mit dem infantilen Bedürfnis nach mütterlicher Wärme, oder möglicherweise um beides. Ich persönlich betrachte diese Episode in Gandhis spirituellem Leben als eine, die eher Anlass zu Mitgefühl geben sollte statt zu moralischer Erregung. Ich kann Gandhis Stärke und Konsequenz, mit der er seine Überzeugungen stets öffentlich austrug, nur bewundern, ganz gleich wie exzentrisch sie dem Rest der Welt erscheinen mögen.[38] Er hat es wirklich so gemeint, als er sagte, «Furchtlosigkeit ist die erste Voraussetzung für Spiritualität. Feiglinge können niemals moralisch sein.»

Ich betrachte Gandhi als Wegbereiter einer neuen Spiritualität. Es handelt sich dabei um eine praktische Spiritualität, die sich in der Welt engagiert und die den Herausforderungen unserer Zeit und der Zukunft möglicherweise besser entspricht als die kontemplativen und ekstatischen spirituellen Traditionen. Mit Gandhi als Vorbild lässt sich sagen, dass ein Mensch der praktischen Spiritualität im Idealfall in einem Zustand spiritueller Gnade Furchtlosigkeit mit Humor verbindet. Er ist von Gelassenheit erfüllt, die aus seiner Sorglosigkeit über die Folgen seines Handelns erwächst, nachdem er sich einmal der schmerzhaften Entscheidung gestellt und eine Wahl getroffen hat. Vor allem aber ist er von einer großen Empathie durchdrungen, die er selbst seinen Gegnern entgegenbringt.

6

Empathie in der Psychoanalyse und in der spirituellen Heilung

Auf den ersten Blick scheinen die spirituellen Praktiken der wichtigsten östlichen Religionsgemeinschaften (des Hinduismus, Buddhismus und Taoismus), die eher am «absoluten» als am phänomenalen Selbst der modernen Psychotherapie ausgerichtet sind, weit entfernt von den Interessen der Psychoanalyse. Wenn man die Jungianer einmal unberücksichtigt lässt, gibt es eine ehrwürdige psychoanalytische Tradition, die auf Freud zurückgeht und die dazu neigt, religiöse oder spirituelle Bereiche der Erfahrung als dem psychoanalytischen Denken entgegengesetzt zu betrachten.[1] Trotz einigen respektvollen und nicht herabsetzenden Umgangs mit religiös-spirituellen Phänomenen im letzten Viertel des 20. Jahrhunderts waren freudianische Analytiker häufig nicht bereit, auch nur irgendeine Ähnlichkeit beider anzuerkennen.[2] Doch spirituelle Praktiken, überwiegend die unterschiedlichen Formen der Meditation, haben auch eine implizite therapeutische Funktion: Indem sich das absolute Selbst durch das phänomenale Selbst (also durch das der Welt der Erscheinungen zugehörige Selbst) manifestiert, wird Ersteres von Letzterem überlagert und in ein Netz der Verzerrungen und Täuschungen verstrickt, aus dem es sich zu befreien gilt. Sowohl die Psychoanalyse als auch die spirituellen Traditionen erkennen die Vorrangstellung des menschlichen Geistes in der Entstehung von Leiden an. Beide vertreten auch die Haltung, dass der Geist helfen kann, verstörende Gedanken und Gefühle, die emotionales Leid verursachen, zutage zu fördern und einzudämmen.

Nach hinduistischer Vorstellung sind dabei die fünf Leidenschaften im Spiel, die für seelische Erkrankungen verantwortlich gemacht werden, nämlich sexuelles Begehren, Wut, Gier, Verblendung und Egoismus. Auch die Buddhisten schreiben dem menschlichen Leid in ähnlicher Weise Ursachen zu, die im Inneren des Individuums verankert liegen: kognitive Faktoren wie getrübte Wahrnehmung, die zu einer fehlerhaften Wahrnehmung von Objekten im Bewusstsein führt, aber auch affektive Ursachen wie Erregung und Sorge sowie die Elemente der Angst, Gier, Habsucht und des Neides, die zusammen das ausmachen, was im Buddhismus «ergreifende Anhaftung» genannt wird. Östliche spirituelle Traditionen treffen sich demnach mit der Psychoanalyse und psychodynamischen Therapien in der gemeinsamen Überzeugung, dass uns das Leben nicht einfach widerfährt, sondern sich durch uns vollzieht, und dass es falsch wäre zu glauben, dass jemand außerhalb unser selbst für unser Leid verantwortlich sei.

An dieser Stelle sollte klargestellt werden, dass die Ausdrücke «spirituell» und «religiös» nicht identisch sind. Religion und Spiritualität sind keine Synonyme, auch wenn sie von vielen, die in der christlich-jüdischen Tradition aufgewachsen sind, als miteinander austauschbar betrachtet werden. Der religiöse Glaube an einen Gott kann von großer Hilfe sein, wenn man sich spirituell weiterentwickeln will, ist jedoch keine Notwendigkeit. In vielen hinduistischen, buddhistischen und taoistischen Schulen wird ein experimentelles Verständnis der «wahren» Natur des Selbst durch intensive Übungen in bestimmten meditativ-kontemplativen Disziplinen gesucht, die keinen religiösen Glauben voraussetzen. In der Mystik der hinduistischen Upanischaden und des Yoga beispielsweise findet man keine Spur der Liebe oder Sehnsucht, sich mit Gott zu vereinen, was in den christlichen und islamischen mystischen Schulen (ebenso wie in der hinduistischen *bhakti*) als höchste Manifestation spiritueller Einstimmung verstanden wird, ohne die keine Erleuchtung vorstellbar ist. Die buddhistische Zen-Praxis schweigt ebenfalls zu der Frage nach einem göttlichen Wesen. In vielen östlichen Traditionen wird spiritueller Fortschritt somit allein durch das Bemühen des Suchenden erzielt und ohne die Hilfe göttlicher Gnade. Ferner begreifen sich spirituelle Disziplinen in dem Sinne als wissenschaftlich, dass sie die Stadien und Prozesse der Bewusstseinsveränderung durch spezifische, vorgeschriebene Übungen beschreiben. Und tatsächlich, wie wir später noch sehen werden, beruhen ihre Beschreibungen der geistigen Zustände, die durch spirituelle, meditative Übungen erreicht werden können, nicht länger ausschließlich auf subjektiven Schilderungen fortgeschrittener Praktizierender, sondern werden von der neueren Hirnforschung in der sich entfaltenden Disziplin der «Neurotheologie» erhärtet. Die jüngste neurotheologische Forschung scheint den Bewusstseinszustand bei fortgeschrittener Meditation durch Spuren im Gehirn identifiziert zu haben: die Ruhigstellung des parietalen Lappens und das Aufleuchten des vorderen Lappens bei intensiver Meditation, wobei alle Sinneseindrücke blockiert werden.[3]

Lassen Sie mich zu Beginn klären, dass mein Fokus hier kein psychoanalytisches Verständnis von meditativen Praktiken und psychischen Zuständen von Adepten östlicher spiritueller Praktiken ist. Die Literatur zu diesem Thema ist beachtlich und reicht von den (meistens früheren) Charakterisierungen dieser Zustände als regressiv im pathologischen Sinne[4] bis zu den eher positiven (meistens späteren) Sichtweisen als integrativ und anpassungsfähig.[5] Mein eigener Vorstoß ist stärker auf den Heilungsaspekt der Wechselwirkung zwischen Lehrer/Heiler und Suchendem/Patient gerichtet und auf den Beitrag, den dieses Verständnis – einschließlich des Selbstverständnisses dieser Traditionen – für die Psychoanalyse leisten kann.

◆

Theoretisch betrachten östliche spirituelle Traditionen ihre heilende Funktion, sowohl für den Körper als auch für den Geist, als zufällig und als ein Nebenprodukt ihrer eigentlichen Aufgabe: der Reinigung des Geistes, der Beseitigung von Entstellungen und Täuschungen – der Beseitigung seiner Unwissenheit also, wie Buddhisten es nennen würden. Ein gereinigter Geist ist ruhig und achtsam und ist daher offen für die Aufnahme eines höheren, transzendenten Bewusstseins. In den meisten Formen des Yoga zum Beispiel wird der Körper – obwohl er nicht unwichtig ist – als dem Geist untergeordnet betrachtet. Der grobstoffliche Körper, unsere materielle Hülle, wird als Schatten oder Schöpfung des feinstofflichen Körpers verstanden, wobei der feinstoffliche Körper mit dem Geist gleichgesetzt wird. Der Körper ist ein Gefäß, in das sich der Geist ergießt, eine Form, die der Geist erschaffen hat und die durch ihn verändert werden kann.[6] Verunreinigungen des Geistes führen nicht nur zu Krankheit und seelischem Leiden, sondern manifestieren sich auf der physischen Ebene als Krankheit im Körper. Wird die Ursache beseitigt (die geistige Verunreinigung), hebt sich auch ihre Wirkung auf (Leiden und Krankheit). Ein gereinigter Geist bringt einen reinen Körper hervor und ein vollendeter Geist einen vollkommenen Körper. Die Perfektionierung des Körpers vollzieht sich jedoch nicht zeitgleich mit der des Geistes, sondern setzt mit einer Verzögerung ein, bis sich die unreinen Niederschläge des Geistes, einschließlich ihrer karmischen Spuren, aufgelöst haben. Dieser Prozess sollte den spirituell Suchenden nicht entmutigen, auch wenn einige versuchen mögen, die Reinigung des Körpers mithilfe bestimmter Yoga-Formen, wie beispielsweise mit Hatha-Yoga, zu beschleunigen. Man nimmt darüber hinaus an, dass diese spirituellen Übungen von tief greifenden Veränderungen in der Hirnphysiologie und -chemie, im Nervensystem, in den Verdauungs- und innersekretorischen Prozessen begleitet werden. Diese Veränderungen können jedoch nicht ohne körperliche Störungen vonstattengehen, wobei es sich um vorübergehende Störungen handelt, die in der Regel nicht stärker ausgeprägt sind, als es der Prozess erfordert.

Für die meisten Menschen beruht die Anziehungskraft einer spirituellen Disziplin, insbesondere wenn sie von einem berühmten spirituellen Führer übermittelt wird (dem Guru, Rinpoche, Roshi oder einem anderen Meister), stärker auf der Erwartung unmittelbarer Heilung durch den spirituellen Lehrer als auf dem unbestimmten Versprechen eines gereinigten Geistes und einer spirituellen Vervollkommnung durch Meditation. Obwohl es eine breite Vielfalt östlicher Meditationspraktiken gibt und ihre Unterschiedlichkeit in der psychoanalytischen Literatur wahrscheinlich nicht genügend gewürdigt wird,[7] herrscht in den östlichen Traditionen Einigkeit darüber, welche Rolle dem spirituellen Lehrer zufällt. Die vollkommene Hingabe und ein nicht zu hinterfragender Glaube, die ein Hindu-Guru von seinem Anhänger verlangt, sind zum Beispiel mit den Forderungen, die ein tibetisch-buddhistischer Meister an seinen Schüler stellt, identisch, trotz der Unterschiede in ihren jeweiligen yogischen und tantrischen Meditationspraktiken. Mit anderen Worten, es ist weniger die Form der spirituellen Praxis als der *Lehrer*, in dem sich ein therapeutisches Potenzial vereinigt, das viele anzieht, die sich von emotionalem oder körperlichem Leiden befreien wollen. Dies trifft auf jeden Fall auf Anhänger bekannter indischer Gurus zu, die ich im Laufe vieler Jahre untersucht habe.[8] Die vorrangige Bedeutung des Heilungsangebots zeigt sich besonders deutlich bei einigen gegenwärtig bekannten Gurus wie Sathya Sai Baba, der eine weltweite Anhängerschaft hat, die in die Millionen geht, und den man als

Heiler-Guru *par excellence* bezeichnen kann. Eine ungewöhnlich hohe Anzahl der Geschichten, die von seinen Anhängern über ihn erzählt werden, sind Schilderungen von «Wunderheilungen». In geringerem Maße gilt dies auch für spirituelle Führer, deren Heilungsangebot weniger ins Auge fällt. In einer Studie über Ma Anandamayi («Mutter der Glückseligkeit»), eine berühmte weibliche Heilige aus Nordindien mit einer großen Anhängerschaft, zu der auch die frühere Premierministerin Indira Gandhi zählte, ging es in elf von 43 Interviews ihrer Schüler um Begebenheiten im Zusammenhang mit ihren Heilungskräften.[9] Selbst im Fall eines «intellektuellen», modernen Gurus wie Jiddu Krishnamurti, dessen Anhänger aus gehobenen Schichten mit höchstem Bildungsniveau kommen, erregten nicht seine Lehre, sondern Neuigkeiten über wundersame Heilungen das größte Interesse.[10]

Wenn man Berichte solcher Heilungsgeschichten hört oder liest, wird deutlich, dass der Teil der psychoanalytischen Theorie, der die nützlichsten Einsichten vermittelt, um Therapien in spirituellen Traditionen nachzuvollziehen, nicht Freuds Gleichsetzung von Heilung mit reifer Genitalität des Patienten ist, indem frühe ödipale Konflikte gelöst werden. Auch das kleinianische Ziel, einen Zustand ambivalenzfreier Objektliebe dadurch herzustellen, dass die archaischen Schichten der Depression und Paranoia wieder erlebt und schließlich überwunden werden, wird den östlichen spirituellen Heilungstraditionen nicht gerecht. Das heißt aber nicht, dass diejenigen Aspekte des menschlichen Lebens, die Freud oder Klein ins Licht gerückt haben, im Rahmen spiritueller Praktiken nicht vorkommen. In jahrelangem Austausch mit dem Guru können frühe ödipale Konflikte, archaische Depression, Misstrauen und Wut tatsächlich wieder erlebt werden, ohne dass sie der bewussten Einsicht unterworfen sein müssen, außer vielleicht in einer höchst fragmentarischen Art und Weise. Ich möchte an dieser Stelle hervorheben, dass die westliche Heilungstheorie, die dem spirituellen Heilen *psychoanalytisch* am nächsten kommt, die Selbstpsychologie von Heinz Kohut ist.[11] Nach dieser Theorie wirkt die Analyse dadurch heilend, dass die empathischen Reaktionen des Selbstobjektes für das Selbst wiederhergestellt werden. Das bedeutet natürlich nicht, dass die Selbstpsychologie das Anliegen einer Selbsttranszendierung, wie wir es in den östlichen Heiltraditionen finden, teilt. Innerhalb der östlichen Traditionen kommt die Selbstpsychologie mit ihrer ausdrücklichen Ausrichtung auf Beziehungen dem Konfuzianismus am nächsten, nicht etwa den stärker «mystischen» Traditionen des Hinduismus, Buddhismus und Taoismus. Auch im Konfuzianismus werden Beziehungen als fundamental im Verständnis des Selbst aufgefasst. Das Selbst entwickelt sich zwar aus der körperlichen Individualität, dehnt sich jedoch entlang eines Geflechts miteinander in Beziehung stehender Existenzen aus[12] – der Selbstobjekte –, bis es sich theoretisch mit dem gesamten Universum identifizieren könnte. Der konfuzianischen Tradition geht es jedoch nicht um eine Art «mystischer Perfektionierung» der Selbstidentifikation mit der ganzen Welt, sie begnügt sich vielmehr damit, sich für ein Ideal geistiger Gesundheit und psychischer Reife auszusprechen. In diesem Ideal verkörpert sich die Vorstellung, dass das Selbst angemessen und harmonisch auf Situationen und Menschen im Alltag reagiert – auf die Familie, Freunde, Arbeitskollegen – und frei von künstlichen Grenzen ist, die dieses Selbst auf ein einziges Individuum beschränken würden.

Die Berichte von Schülern über die heilende Interaktion mit dem spirituellen Führer verdeutlichen ganz offensichtlich auch, dass die Beziehung zwischen Suchendem/Patienten und Lehrer das Ziel hat, ein überaus zuverlässiges, stets verfügbares Selbstobjekt verschmelzender Erfahrung zu erschaffen. Der Lehrer fördert diesen Prozess durch seine Bereitschaft, den Patienten an seiner Größe, Stärke und Ruhe teilhaben zu lassen, so wie es früher die Mutter tat, als sie den ängstlichen Säugling auf den Arm nahm und an sich drückte. Sathya Sai Baba erinnert seine Anhänger beständig daran, dass sie nicht von ihm getrennt sind: «Ich bin in dir, außerhalb von dir, vor, über und unter dir. Ich bin immer um dich, in deiner Nähe.»[13] «Alles, was aus der Tiefe deines Herzens kommt, erreicht mich. Zweifle niemals daran.»[14]

Lehrer vieler östlicher spiritueller Traditionen wissen seit Langem, dass eine verlängerte Phase der Meditation über das Gesicht oder die Gestalt des Gurus – wie es beispielsweise im Guru-Yoga des Vajrayana-Buddhismus oder im Siddha-Yoga des kaschmirischen Shivaismus (einer hinduistischen Form) praktiziert wird – genauso wie auch der kontemplative Gebrauch einer Fotografie des Gurus bei so modernen religiösen Bewegungen wie der Radhasoami-Satsang und dem Sahaja-Yoga das Erlebnis der Verschmelzung fördert und es zu beschleunigen vermag.[15] Als ein Siddha-Yoga-Guru beobachtet Swami Muktananda: «Der Geist, der beständig über den Guru meditiert, wird schließlich selbst zum Guru. Die Meditation über die Gestalt des Gurus versenkt den Meditierenden in den Zustand des Gurus.»[16] Wie ich an anderer Stelle in einer Ausführung über den Hindu-Guru als Heiler beschrieben habe, spielen weitere Aspekte der Guru-Schülerinteraktion, wie zum Beispiel das Verzehren von Nahrungsopfergaben (*prasada*), die vom Guru berührt oder probiert wurden, genauso wie das Trinken des Wassers, in dem seine Füße gewaschen wurden, in der Lockerung der Grenzen des Selbst beim Suchenden/Patienten und in der Beschleunigung des Verschmelzungserlebnisses mit dem Guru eine Rolle.[17] Schrittweise scheint der Suchende/Patient die Fähigkeit zu erlangen, das Bild des Gurus in Zeiten der Not mit halluzinatorischer Intensität heraufzubeschwören. Entsprechend berichtet ein Patient, wie er mit einer Gelbsucht, Fieber und in schläfrigem Zustand krank daniederlag: «Ich wusste nicht, ob ich träumte oder ob es Wirklichkeit war. Ich habe Baba die ganze Zeit bei mir gefühlt. Er streichelte mich, berührte meine Hände. Ich fühlte mich nie allein. Er war die ganze Zeit da.»[18] Dieser Zugang zu archaischen Formen des Kontakts, in denen ein halluzinatorisches Bild des Gurus erschaffen wird, um das Selbst zu erhalten, das in Gefahr schwebt, seinen Zusammenhalt zu verlieren, ist von vielen Suchenden/Patienten berichtet worden und scheint Bestandteil des spirituellen Heilungsdiskurses zu sein.

Im Mittelpunkt einer solchen spirituellen Heilung steht das Erlebnis der Verschmelzung mit dem Selbstobjekt, während das Bemühen des Analytikers darin liegt, ein Gefühl der persönlichen Handlungsfähigkeit im Patienten zu festigen. Der Guru ist anfänglich also sehr viel aktiver als der Analytiker, um eine Idealisierung seiner Person durch den Suchenden/Patienten herbeizuführen und zu erhalten. Dies liegt an der außergewöhnlichen Bedeutung, die die meisten spirituellen Traditionen der *Hingabe* beimessen, die als unerlässlich für die Transformierung des Selbst angesehen wird – eine Hingabe, die nur durch die intensive Kraft der Idealisierung vorangetrieben werden kann.

Bestrebungen nach der vollkommenen Hingabe des Selbst sind auch bei anderen religiösen Traditionen der Welt zu finden. William James nannte es «Erneuerung durch Entspannung und Loslassen». Er war der Auffassung, dass dieses Loslassen des verkrampften Selbst (ihm eine «Pause» geben) zu der Feststellung führt, dass es dahinter ein größeres Selbst gibt.[19] Wenn sämtliche Anstrengungen fallen gelassen werden, erlebt man das Phänomen der Erneuerung durch Selbsthingabe, etwas, das James als unumstößliche Gegebenheit der menschlichen Natur umschrieb. Er fügte hinzu, «[...] nun sieht man, warum Selbsthingabe immer als entscheidender Wendepunkt im religiösen Leben betrachtet wurde und stets betrachtet werden muss [...]. Man könnte sagen, dass die gesamte Entwicklung der Innerlichkeit im Christentum auf immer größeres Bemühen um Selbsthingabe zurückzuführen ist.»[20]Im Sufismus war die Hingabe an einen Meister ebenso eine notwendige Voraussetzung für den Zustand des *fana fil-shaykh* oder die Auslöschung des Selbst im Meister. Über die *iradah*, die Beziehung zwischen Sufi-Meister und seinem Schüler, sagt ein Sufi-Dichter: «Oh Herz, wenn du den Geliebten mit dir glücklich wissen möchtest, dann musst du tun und sagen, was Er befiehlt. Wenn Er sagt, weine Blut!, frage nicht, warum?, wenn Er sagt, stirb!, frage nicht, wie soll das gehen?»[21] Psychologisch ist die Hingabe also das völlige Aufblühen der idealisierten Übertragung mit dem starken Bedürfnis, das Verschmelzen mit einem guten, machtvollen, weisen und perfekten Selbstobjekt – dem Guru – zu erleben. Man kann von dem Suchenden sagen, dass er sein Selbst als Teil des Selbst des Gurus erfahren möchte (der mit den Ohren des Gurus hört, mit den Augen des Gurus sieht, mit der Zunge des Gurus schmeckt, mit der Haut des Gurus fühlt), dass er also nach einer der archaischsten Selbstobjekt-Erfahrungen strebt.

◆

In Interviews mit Suchenden/Patienten und beim Lesen ihrer Berichte fiel mir an der heilenden Begegnung in den spirituellen Traditionen am stärksten auf, dass der Suchende/Patient der Überzeugung war, vollkommen von seinem Guru verstanden zu werden. In einem Fall nach dem anderen hört und liest man, wie – manchmal bereits bei der ersten Begegnung – der Guru tief in das Herz des Patienten schaute, seine innersten Winkel ausleuchtete und welche Auswirkung dieses Verstehen auf den Suchenden/Patienten hatte.

Mahamaya, eine Frau mittleren Alters aus Bengalen, ist dem Guru Sathya Sai Baba zum ersten Mal 1992 begegnet und ihm seitdem eine treue Anhängerin geblieben. Sie wuchs in Kalkutta in einem Haushalt der Mittelschicht auf und erinnerte sich, dass ihre Eltern starke religiöse Neigungen hatten. Der äußere Rahmen ihrer Biografie – die Hauptereignisse in ihrem Leben wie Ausbildung, arrangierte Heirat, Kinder, Teilzeitarbeit als Lehrerin, während ihr Mann die Karriereleiter in einer staatlichen Versicherungsgesellschaft hinaufkletterte – entspricht den Konventionen einer typischen Erfolgsgeschichte eines indischen Mittelklassehaushalts. Es gibt jedoch deutliche Hinweise darauf, dass die Ehe in den ersten Jahren nicht glücklich verlief, Anspielungen auf depressive Episoden, insbesondere nach der Operation eines bösartigen Tumors in der Niere, kurz bevor sie Sathya Sai Baba begegnete. Mahamaya ist im Hinblick auf die schmerzlichen Ereignisse in ihrem Leben möglicherweise wortkarg gewesen, nicht aber als es um die Schilderungen ihrer Gefühle vor der ersten Zusammenkunft mit dem Swami (Meister) ging: «Ich steckte in einer tiefen Krise [...]. Damals war ich schwach und körperlich am Boden, seelisch in einer düsteren Verfassung. Ich suchte nach wirklicher und anhaltender Hilfe.»[22] Sie sitzt bei ihrem ersten Besuch in Sathya Sai Babas Ashram mitten in einer Gruppe anderer Besucher, als Baba dem Paar andeutet, es solle sich für ein Privatgespräch in einen kleineren Raum neben der Haupthalle begeben. Ich möchte die Begebenheit in ihren eigenen Worten wiedergeben: «Sobald mein Blick den des Swami traf, sagte er: ‹Nun bist du also gekommen – mit wie viel Liebe habe ich nach dir gerufen.› Was für ein Augenblick! Ein Sturm tobte in mir. Ich war sprachlos, und dann brach ich in einer Sturzflut von Tränen zusammen. Seit 1988 war das Leben nur noch ein Kampf für mich gewesen, ich wurde von Leid, geistiger Qual und Depressionen heimgesucht. Aber ich hatte mein Herz nie jemandem ausgeschüttet, nicht einmal meinem Mann. Gott war der einzige Begleiter meines gebrochenen Herzens. Von Kindheit an introvertiert, habe ich mich auch meinen Eltern gegenüber nicht geöffnet. In dem Moment aber passierte etwas mit mir. Ich schaute in seine göttlichen Augen, und alle Beschränkungen und alle Zwänge fielen einfach von mir ab, Tränen quollen aus meinen Augen und liefen meine Wangen hinunter. Ich heulte wie ein Kind. Ich fühlte, dass mein Herz durch und durch gereinigt war.»[23] Baba sagt ihr dann, dass «ich mich nicht um meinen Sohn sorgen [solle], der nicht schrieb, weil er mit seinen Studien beschäftigt war. Zweitens brauchte ich mir wegen meiner Arthritis keine Gedanken machen. Zu gegebener Zeit würden die Schmerzen nachlassen, auch wenn sie nicht ganz verschwänden. Drittens würde meine jüngere Tochter ohne Komplikationen entbinden. Diese Gedanken beschäftigten mich zweifelsohne, doch hatte ich ihm darüber kein Wort gesagt. Er wohnt in uns. Er weiß über alles Bescheid, was in unserem Geist vor sich geht.»[24] Im Verlauf der Jahre wird Mahamayas Heilung unübersehbar und drückt sich in deutlich wachsender Lebensfreude und einer kreativen Schaffensphase aus, während deren sie viele Gedichte und Lieder in Bengali und Hindi schreibt.

Das Gefühl der Patientin, von ihrem Guru zutiefst verstanden zu werden, vom Swami, der in ihr ist (aufgrund der Empathie, die der Guru ihr entgegenbringt, würde der Analytiker sagen), ist das vorrangige Merkmal im Heilungsdiskurs östlicher spiritueller Traditionen, insbesondere der hinduistischen und tantrisch-buddhistischen. Ich werde im Folgenden zeigen, dass das Ausleuchten grundlegender Merkmale der Empathie des spirituellen Führers einen wichtigen Beitrag zur psychoanalytischen Diskussion der Empathie leisten kann.

◆

Mir scheint, dass Empathie – Freuds «Einfühlung», das «Einfühlen in» eine andere Person – in der psychoanalytischen Literatur ein Gegenstand von großer Ambivalenz ist, einer Ambivalenz, die möglicherweise mit dem «mystischen Charakter» der Empathie zusammenhängt, wie Freud es in einem Brief an Ferenczi ausdrückte.[25] Die Definition von Empathie im *Oxford English Dictionary* gibt sich ganz unverblümt «mystisch», wenn sie Empathie als «die Macht, die eigene Persönlichkeit in das Objekt der Betrachtung zu projizieren (und es so vollständig zu verstehen)» umschreibt. Obwohl Empathie die Grundlage der psychoanalytischen Arbeit bildet und zur Sammlung von Daten für die analytische Deutung unabdingbar ist, hat die Verbindung von Empathie mit dem dürftigen Verständnis unbewusster Prozesse im Analytiker das Konzept in der psychoanalytischen Diskussion mit einem gewissen Unbehagen umgeben. Der in der Psychoanalyse übliche Wortgebrauch für die Fähigkeit einer Person, an den inneren Erfahrungen eines anderen durch ein unbewusstes Einstimmen teilzunehmen, meidet das dem Prozess zugrunde liegende Rätsel. Anders ausgedrückt, wie verändert sich unser nichtempathischer Zustand, ein Zustand der Selbsterfahrung, in der Gedanken gewöhnlich selbstbezogen sind,[26] in einen Zustand, in dem wir die Grenzen des Selbst durchbrechen können, um die bewussten und unbewussten Gefühle und Erfahrungen eines anderen Selbst zu teilen? Auch der psychische Zustand eines Analytikers, der den Vorgang der Empathie durch seine gleichmäßig frei schwebende Aufmerksamkeit lenkt, scheint – wenn man es einmal genauer betrachtet – genauso, wenn nicht sogar eher zu den meditativen Praktiken der spirituellen Traditionen zu gehören als zur «wissenschaftlichen» Psychoanalyse. Freud beschreibt diesen psychischen Zustand eines Analytikers folgendermaßen: «Erfahrung zeigte schon bald, dass die vorteilhafteste Einstellung, die der analytische Arzt einnehmen sollte, die ist, sich selbst bei gleichschwebender Aufmerksamkeit seiner eigenen unbewussten Geistestätigkeit zu überlassen, Nachdenken und Bildung bewusster Erwartungen möglichst zu vermeiden, nichts von dem Gehörten besonders im Gedächtnis festhalten zu wollen, und solcherart das Unbewusste des Patienten mit seinem eigenen Unbewussten aufzufangen.»[27] Ehrenzweig hat beispielsweise die gleichschwebende Aufmerksamkeit «unbewusstes Abtasten» genannt, das auf einer bewussten Leere beruht und für Störungen durch Introspektion anfällig ist.[28] Unbewusstes Abtasten hat einen offensichtlich meditativen Charakter, der sich vom Vorgang der Instrospektion klar unterscheidet. Ehrenzweig vergleicht das unbewusste Abtasten mit Paul Klees «vieldimensionaler Aufmerksamkeit» oder mit dem «horizontalen Musikhören», bei dem die Vielstimmigkeit hörbar wird, im Gegensatz zum normalen «vertikalen Hören», bei dem man einer einzigen Melodie folgt, die von begleitenden Stimmen in einem harmonischen Hintergrund unterstrichen wird. Horizontales Hören, bei dem mehrere, um ausschließliche Aufmerksamkeit konkurrierende Stimmen sich gegenseitig aufheben, ist gänzlich «leer», was das bewusste Erinnern betrifft. Diese bewusste Leere schließt jedoch Genauigkeit und Fülle der Informationen nicht aus. In derartigen Vergleichen und Beschreibungen einer (idealen) gleichschwebenden Aufmerksamkeit werden erfahrene Meditierende fortgeschrittene Stadien der Kontemplation erkennen, die in bestimmten hinduistischen und buddhistischen spirituellen Disziplinen praktiziert werden. Das Potenzial des Analytikers zum unbewussten Abtasten oder was Ogden den Gebrauch von Tagträumerei-Erfahrungen nannte, nämlich die unaufdringlichen Gedanken, Gefühle, Fantasien, Grübeleien, Tagträume, Körperwahrnehmungen und so weiter, scheinbar unverbunden mit dem, was der Patient in dem Moment sagt, kann sehr wohl verbunden sein mit seiner Kapazität metaphysischer Offenheit.[29] Es ist diese Offenheit, die die Fähigkeit des Analytikers lenkt, «die lebendigen Momente einer analytischen Sitzung von innen heraus zu fühlen, in der Lage sein zu hören, dass ein Wort oder ein Satz in einer neuen, unerwarteten Art und Weise gebraucht, erneuert wurde».[30]

Die zunehmende Ambivalenz gegenüber dem Phänomen der Empathie scheint ihren Ursprung in Freuds Einstellung zur Empathie zu haben, die sich mit seinem zunehmenden Alter wandelte. Paul Roazen weist in seiner Einleitung zu einem Aufsatz von Helene Deutsch darauf hin, dass Freud in seinen späteren Jahren eine sehr viel distanziertere und losgelöstere Haltung gegenüber seinen Patienten einnahm als in einer früheren, gesünderen Lebensphase.[31] In seinem Entwurf von «Psychoanalyse und Telepathie» (1921) – einem «geheimen Aufsatz», der posthum (1941) publiziert wurde – war Freud solchen «okkulten» Phänomenen wie der Telepathie gegenüber aufgeschlossen und war es vermutlich auch gegenüber den nichtrationalen, intuitiven Aspekten der Empathie. Ab 1927 nahm er allerdings eine sehr viel weniger ambivalente Haltung zugunsten der positivistischen Wissenschaften ein: «Die Rätsel der Welt entschleiern sich unserer Forschung nur langsam, die Wissenschaft kann auf viele Fragen heute noch keine Antworten geben. Die wissenschaftliche Arbeit ist aber für uns der einzige Weg, der zur Kenntnis der außer uns liegenden Realität führen kann. Es ist wiederum nur Illusion, wenn man von der Intuition oder der Selbstversenkung etwas erwartet; sie kann uns nichts geben als – schwer deutbare – Aufschlüsse über unser eigenes Seelenleben, niemals Auskunft über die Fragen, deren Beantwortung der religiösen Lehre so leicht wird.»[32] Freuds nahe Anhänger teilten seine Kritik an der Intuition und Introspektion nicht; Helene Deutsch beispielsweise betrachtete die Intuition des Analytikers als ein machtvolles therapeutisches Instrument.[33] Aber mit den sich verhärtenden Einstellungen gegenüber dem «Okkulten» im Kielwasser von Freuds zunehmender Distanzierung wurde auch die Empathie zu einem Objekt des Misstrauens, da es keine zufriedenstellenden Kriterien gab, die sie von der Telepathie in der analytischen Situation unterschied.[34]

In der gegenwärtigen Psychoanalyse äußert sich das Unbehagen an der Empathie in unterschiedlichen Formen. Viele psychoanalytische Beiträge zum Wesen der Empathie sind bestrebt, den das Selbst transzendierenden Charakter der

Empathie abzuschwächen, indem sie betonen, dass die Identifikation des Analytikers mit dem Patienten vorübergehend und nicht regressiv sei und unter der Ich-Kontrolle des Analytikers stattfinde.[35] Ausgehend von Freud[36] haben andere Analytiker die intellektuellen und rationalen Aspekte der Empathie hervorgehoben.[37] Sie haben versucht, den höchst subjektiven, auf dem Erleben beruhenden Charakter der Empathie abzuschwächen, indem sie den Umfang des Konzepts so erweitert haben, dass neutralere und eher kognitive Aspekte darunterfielen. Empathie, so versichern sie, sei nicht nur ein unbewusster Aspekt, in dem der Analytiker kurzzeitig am Erleben des Patienten teilhat, sondern beinhalte auch, dass er sein Erleben in einem umfassenden, objektiveren und komplexeren Verständnis des Patienten verankert, um schließlich zu einer angemessenen Deutung zu kommen.[38] In der unbewussten Resonanz des Analytikers auf den Patienten schwingt eine eher intellektuelle Haltung mit,[39] um das hervorzubringen, was «generative Empathie»,[40] «stellvertretende Introspektion»[41] oder «emotionales Wissen»[42] genannt wurde. Andere Analytiker haben die Empathie mit einer Reihe von Gefahrensignalen versehen,[43] wobei sie sich ebenso auf Freud berufen, der auf die Schwierigkeit hinwies, dass man nicht genau wissen kann, ob die Einfühlung nicht bloß die Projektion der eigenen Gefühle auf den Patienten ist.[44] Was wir für Empathie halten, ist möglicherweise nur eine «empathische Fantasie»,[45] eine «projektive Verzerrung».[46] Empathie ist auch deshalb nicht greifbar, weil sich das empathische Einlassen auf eine andere Person von einem Minimum der Einfühlung ausweiten kann bis hin zu der extremen Position, nahezu die andere Person (und damit psychotisch) zu werden.[47] Eine lang anhaltende Identifikation mit dem Patienten macht es ziemlich wahrscheinlich, dass eigene unbewusste Bedürfnisse pathologisch befriedigt werden.[48]

In der überwiegenden Mehrzahl der psychoanalytischen Beiträge über das Wesen der Empathie wurde versucht, sich von dieser zu distanzieren (möglicherweise auch aus Abwehr), sie aus ihrer Verankerung der unbewussten, noch immer wenig verstandenen, aber nicht länger gänzlich mysteriösen seelischen Zustände zu lösen. Der Hintergrund dieser geistigen Zustände scheint, wie wir später noch sehen werden, dem recht ähnlich zu sein, der in meditativen Prozessen durchlaufen wird.

◆

In der Psychoanalyse wird das Verständnis, das der Analytiker vom inneren Befinden des Patienten gewonnen hat, überwiegend durch eine verbalisierbare und verbalisierte Deutung vermittelt. Anders ausgedrückt, die Vermittlung von Empathie, die der Analytiker für den inneren Zustand des Patienten empfindet, wird in erster Linie durch Worte kommuniziert. Andere Kommunikationsmittel, die den Gehörsinn, das Sehvermögen, den Berührungs- und Geruchssinn ansprechen, haben nur geringe Beachtung in der psychoanalytischen Situation gefunden,[49] obwohl Analytiker seit Langem wissen, dass gerade diese nonverbalen Mittel die Grundlage der menschlichen Verständigung in der frühen Kindheit bilden.[50] Um mit dem Gehör zu beginnen: Die «Musik» des Heilens, die musikalischen Aspekte beim Sprechen des Analytikers (Klang, Tonlage, Pausen, Schweigen, Intonation) können die Empathie, die sich in seinen Worten ausdrückt, entweder verstärken oder als Lüge entlarven. Welche Bedeutung den melodisch-rhythmischen Elementen der Sprache zukommt, hängt vom Einzelnen ab, unterscheidet sich aber auch von Kultur zu Kultur. In den großen östlichen Zivilisationen beispielsweise ist die förmlichere Kommunikationsweise in den Familien und insbesondere in hierarchischen Beziehungen von größerer Bedeutung. Dort ist man stärker auf Sprachmelodien angewiesen, um die wirkliche Bedeutung der Worte eines Sprechers herauszufiltern, als in Kulturen, in denen jene Tugend «das zu sagen, was man meint» und «das zu meinen, was man sagt» hochgehalten wird.

Die psychoanalytische Situation, bei der der Patient auf der Couch liegt und es während der analytischen Stunde keinen Blickkontakt zwischen ihm und dem Analytiker gibt, ist für die visuellen Aspekte bei der Vermittlung empathischer Signale – wie dem Augenausdruck, den Gesten, der Mimik, der Körperhaltung – von großem Nachteil. Hinzu kommt die Abstinenzregel beim körperlichen Kontakt aufgrund der Furcht vor «Grenzüberschreitungen» durch die Übergriffe ehemals bekannter und nun tragischer Figuren in der Geschichte der Psychoanalyse.[51] Daher muss Berührung zwischen Analytiker und Patient als ein Aspekt der einfühlenden Mitteilung vollständig ausgeschlossen werden. So darf der Analytiker seinem Patienten nicht auf die Schulter klopfen, nicht seine Hand halten oder ihm tröstend über den Kopf streichen – alles Gesten, die gewöhnlich in Phasen akuten Leids eine von Empathie getragene Verbindung zum Ausdruck bringen. Der Analytiker ist sich bewusst, dass eine auf Verständnis beruhende Berührung in ein Begehren umschlagen kann – sie kann zur Zärtlichkeit oder einem schmerzhaften Verlangen werden, ein Risiko, dass spirituelle Meister routinemäßig eingehen, manchmal mit verheerenden Folgen für den Suchenden.

Ich muss hinzufügen, dass die Betonung der Sprache beim Analytiker und Patienten eine Sensibilität für die Nuancen und Besonderheiten des sprachlichen Ausdrucks verstärkt – ähnlich wie bei blinden Menschen, die eine sehr viel ausgeprägtere Wahrnehmung im Hör- und Tastbereich entwickeln. Zumindest ist dies meine eigene Erfahrung gewesen, als ich während meiner analytischen Ausbildung in Deutschland mitten in der Übertragung steckte. Ich fing nicht nur an, in Deutsch zu träumen, sondern auch, Kurzgeschichten auf Deutsch zu schreiben – eine «Fähigkeit», die mir mit dem Ende der Analyse prompt abhandenkam. Diese gesteigerte sprachliche Sensibilität verschwand, als der Kontext der Übertragung, der sie erst ermöglichte, endete.

Im Vergleich zum Analytiker muss sich der spirituelle Lehrer also kaum Einschränkungen auferlegen (setzt sich aber auch größeren Gefahren aus), um sämtliche Kommunikationsmöglichkeiten anzuwenden, die sein empathisches Verstehen der inneren Verfassung des Hilfesuchenden vermitteln können. Wenn Suchende/Patienten östlicher Traditionen ihre Erfahrungen der empathischen Zuwendung ihres Gurus beschreiben, heben sie oft andere Faktoren als den Inhalt seiner Worte hervor. «Ich habe zwar nichts verstanden, aber die Worte waren lebendig in mir, als ich ging», ist eine typische Reaktion.[52] Die spirituellen Traditionen Indiens haben für diesen verstehenden «Blick» des Meisters sogar einen Terminus technicus: *darshan* («durch den Blick des Gurus») – ein Blick, in dem der Suchende/Patient «sich in jeder Einzelheit wie in einem klaren Spiegel» gesehen glaubt.[53]

Wie die Analytiker unterscheiden sich auch die spirituellen Meister untereinander in ihren empathischen Fähigkeiten. Doch mit ihren Meditationspraktiken, die darauf abzielen, die Grenzen des Selbst zu schwächen – allerdings nicht durch unkontrollierte Regression, sondern durch ein kontrolliertes Loslassen, was Brickman «die Einkapselung des Selbst» nannte[54] –, scheinen spirituelle Disziplinen die Türen zur empathischen Reaktion zu öffnen, die sich bis zu einer hochgradigen Identifizierung mit einer anderen Person ausweiten kann. Auch bei Analytikern können sich solche «transzendierenden» Momente während einer analytischen Stunde einstellen. Diese transzendierenden Momente sind aber keine Folge einer gründlichen Ausbildung, die explizit darauf abzielt zu fördern, was Bion «Unwissen» und Keats «negative Fähigkeit» nannte – einen passiven, empfänglichen Zustand, in dem keine störenden Reize auftreten, die Fakten und Sinn zu ergründen versuchen.[55] Für Keats ist diese «negative Fähigkeit» die Voraussetzung für empathische Anteilnahme an anderen Personen. Der Dichter, möglicherweise ein Mensch mit besonders starker empathischer Ausprägung, erfasst die «Wahrheit» über das belebte und unbelebte Andere durch seine Einfühlung und reproduziert es dann in literarischen Bildern und Vorstellungen.[56] Eine erhöhte Empathie für andere Menschen, die spirituelle Adepten für sich beanspruchen, ist Teil ihrer gesteigerten Offenheit (Empathie im weitesten Sinne) gegenüber den belebten und unbelebten Welten. Im *homo religiosus* übersetzt sich diese Empathie in eine gesteigerte metaphysische Offenheit gegenüber dem Göttlichen.

In ihrer empathischen Identifikation können Analytiker wahrscheinlich nie so weit gehen, wie es manchen spirituellen Lehrern nachgesagt wird. In der Beschreibung von Anandamayi Ma als «spirituell realisierter» Mensch beispielsweise erklärt einer ihrer Anhänger: «Es bedeutet, keinen persönlichen Mittelpunkt zu haben. Der Mittelpunkt eines realisierten Menschen ist überall. Sie kann sich mit jedem, der mit ihr in Kontakt tritt, identifizieren. Sie wird du und hat in genau dem Moment deine Probleme und kann dir von innen helfen.»[57] Ein anderer Anhänger beschreibt sie folgendermaßen: «Sie hat kein Gefühl für ich und mein und spiegelt häufig einfach nur die Gefühle derjenigen um sich herum zurück; sie scheint keine eigenen Bedürfnisse zu haben, so dass die Wünsche derer, die um sie versammelt sind, in ihrem Handeln Gestalt annehmen.»[58] Anandamayi Ma nähert sich hier dem Ideal spiritueller Meister an, das man in fast allen östlichen Traditionen vorfindet. In der Sufi-Tradition ist zum Beispiel die «körperliche Form [des *shaykhs* (Sufi-Heiliger)] ausgelöscht, und er ist zum Spiegel geworden; in ihm sind die gespiegelten Gesichter anderer [...]. Wenn du ein hässliches Gesicht siehst, dann bist du das; wenn du Jesus und Maria siehst, dann bist du das. Er ist weder dies noch das, Er ist schlicht; Er hat dich deinem eigenen Spiegelbild ausgesetzt.»[59]

Man kann diese Darstellungen «erleuchteter» spiritueller Lehrer mit Keats' Beschreibungen der Identität (er nannte es Charakter) eines Dichters vergleichen: «Was den Charakter des Dichters betrifft – er ist nicht er selbst – er hat kein Selbst – er ist alles und nichts. Er hat keinen Charakter – er freut sich an Licht und Schatten, er lebt seinen Neigungen, seien sie hässlich oder schön, hoch oder niedrig, reich oder arm, mittelmäßig oder erhaben. Er hat genauso viel Freude daran, einen Jago zu erfinden wie eine Imogen. Was den tugendhaften Philosophen schockiert, entzückt den chamäleonartigen Dichter – ein Dichter ist das unpoetischste Geschöpf, das existiert, weil er keine Identität hat. Nicht ein einziges Wort, das ich je gesprochen habe, kann man als eine Meinung, die aus meinem identischen Wesen entsprang, betrachten – die Identität aller anderen beginnt mich zu bedrängen.»[60]

Das Ideal des reflektierenden Spiegels des spirituellen Gurus unterscheidet sich erheblich von dem früheren psychoanalytischen Ideal des Analytikers als leere Leinwand; das Selbst des Analytikers ist versteckt, im Gegensatz zu dem des spirituellen Meisters, bei dem es häufig gar nicht zu existieren scheint. Im Gegensatz zu vielen Analytikern scheint Anandamayi Ma (wie auch manche andere Gurus) den Patienten in den Bereich des präpsychologischen Chaos begleiten zu können, dem man in Psychosen und Borderline-Zuständen begegnet. Bions idealer Analytiker, der seine Erinnerungen und sein Begehren in den Analysestunden aufgibt (und, wie es in einem späteren Zusatz heißt, auch das Verstehen), ist damit gewissermaßen ein Zwilling des (ebenfalls idealen) spirituellen Meisters.[61]

Hinduistische spirituelle Traditionen liefern detaillierte Beschreibungen von dem Prozess, der das Einfühlungsvermögen bis zu einem Punkt steigert, an dem es für eine Identifikation mit einer anderen Person keine gefühlsmäßigen Hindernisse mehr gibt. Eine vollständige Kenntnis eines anderen Menschen durch Empathie, behaupten sie, beinhaltet die Aktivierung eines normalerweise schlummernden «höheren» Bewusstseins. In der Yoga-Praxis beispielsweise müssen Verstand, Vorstellungsvermögen, Gedächtnis, Gedanken und Wahrnehmungen erst ausreichend zur Ruhe gebracht werden, bevor die «höhere» Geisteskraft (*buddhi*) aktiviert werden kann und die *buddhi* sich darüber bewusst wird, dass sie sich von den niedrigen Eigenschaften unterscheidet und von diesen getrennt ist.[62] Buddhi ist das yogische Pendant zu Bions «Sinnesorgan» psychischer Fähigkeiten, das auf die Übertragungen eines «Senders» reagiert, der die inneren Räume des Selbst bewohnt und für den Psychoanalytiker eine stärkere Empfängnis entwickeln sollten. Analytiker, behauptet Bion, sollten den Lärm der sinnlich wahrnehmbaren Welt stärker abschirmen, um so empfänglicher für andere Botschaften aus der psychischen Welt zu werden.[63] Diese Empfänglichkeit führt zu einer Ausweitung der vorbewussten Kommunikationskanäle und einer größeren Fähigkeit, aus den Tiefen der Psyche solche Botschaften zurückzuholen.[64]

◆

Zusammenfassend lässt sich sagen, dass vom spirituellen Standpunkt aus das Haupthindernis der Empathiefähigkeit des Analytikers in seinem phänomenalen, auf sinnliche Wahrnehmung ausgerichteten Selbst liegt. Angeregt durch die Sinne verhindert das sinnliche Selbst, dass sich *buddhi* entfalten kann. Die meditativen Praktiken der östlichen spirituellen Traditionen zielen ganz direkt auf die Eindämmung des Lärms und Leuchtens ab, die das sinnliche Selbst hervorbringt. Obgleich Empathie sowohl dem spirituellen Heilen als auch der psychoanalytischen Heilung zugrunde liegt, wird das Konzept bei Ersterem in Richtung eines «mystischen» Pols (im positiven Sinne) und bei Letzterem in Richtung eines rationalen, intellektuellen Pols gelenkt. Wenn wir die Behauptung der spirituellen Lehrer, die von anekdotischen Berichten spirituell Suchender über die Jahrhunderte untermauert wurden, anerkennen, dass nämlich die Aktivierung der *buddhi* von einer außergewöhnlichen Steigerung empathischer Fähigkeiten begleitet wird, dann folgt daraus, dass gewisse spirituelle Übungen das Potenzial des Analytikers zur einfühlenden Identifikation signifikant verstärken könnten. Solche Übungen könnten nicht nur dazu beitragen, Ich-Funktionen mit größerer Leichtigkeit aufzugeben, um weniger defensiv mit Ängsten des «Ertrinkens» umzugehen, sondern auch das Potenzial des Analytikers zur «Tagträumerei» oder zum impliziten Zuhören zu erweitern und ihn damit zu tiefer Empathie zu befähigen.

Ein weiterer Weg, unsere empathischen Fähigkeiten zu steigern, könnte die beständige und bewusste Übung von Mitgefühl sein, bis diese zu einer verinnerlichten Haltung geworden ist, sich allen lebenden Wesen anzunähern. Es ist keine leichte Aufgabe, in der Ausübung von Mitgefühl konsequent zu sein. Der Dalai Lama, der seit mehr als fünfzig Jahren täglich mindestens drei Stunden meditiert, erzählte folgende Geschichte über sich selbst: In Dharamsala, wo er lebt, gibt es viele Mücken. Wenn sich die erste Mücke auf seinem nackten Arm niederlässt, ist sein Gedanke: «Gut, lieber Freund, du musst auch leben. Genieße deine Mahlzeit von meinem Blut.» Bei der zweiten ist er ein wenig irritiert, und wenn sich die dritte zu ihrer Mahlzeit niederlassen will, schlägt er sie tot. Buddhisten glauben, dass die Gedanken, die man im Moment des Sterbens hat, einen großen Einfluss auf die folgende Wiedergeburt ausüben, wobei reine, spirituelle Gedanken einen höheren Bewusstseinsstatus im nächsten Leben sicherstellen. «Wenn ich sterbe», scherzte der Dalai Lama mit seinem freundlichen Lachen, «werde ich dafür sorgen, dass über meinem Bett ein Moskitonetz hängt.»[65]

Für Psychotherapeuten ist also die Erhöhung ihrer empathischen Fähigkeit von höchster Bedeutung. Dies gilt wahrscheinlich auch dann, wenn man – im Gegensatz zu Kohut – die Empathie nicht für das primär heilende Mittel in der Psychoanalyse hält, jedoch bereit ist einzuräumen, dass sie ein sehr wichtiges Instrument ist, Daten in der Behandlungssituation zu sammeln. Schließlich ist selbst die raffinierteste Deutung nur so gut wie die Daten, auf denen sie beruht. Empathie und der meditative Zustand, der ihr zugrunde liegt, könnten zu einer Schleuse werden, durch die das Spirituelle ins Behandlungszimmer Eingang findet, wo es mit der Kunst und Wissenschaft der Psychoanalyse in psychotherapeutischer Praxis zusammenfließt. Damit soll nicht gesagt werden, dass die Psychoanalyse ihren eigenen Charakter aufgeben soll, indem sie wahllos Aspekte aus östlichen, spirituellen Traditionen entleiht. Die Psychoanalyse selbst kann als einzigartige, moderne meditative Praxis verstanden werden, einzigartig in ihrer Betonung einer Meditation, die zu zweit statt allein ausgeübt wird. Im Geiste von Freuds Erbe der Offenheit gegenüber anderen Disziplinen (Freud empfahl dem angehenden Analytiker das Studium der Anthropologie, Ethnologie und Mythologie) sollten sich Analytiker der Möglichkeit, dass eine östliche meditative Praxis Teil ihrer Ausbildung sein könnte, nicht verschließen, die – wie erfahrene Praktizierende behaupten – tatsächlich zu einer deutlichen Steigerung der empathischen Fähigkeiten beiträgt. Das traditionelle freudianische Misstrauen gegenüber der spirituellen Domäne und der kulturelle Stolz, dass die Psychoanalyse ein einzigartiges und wertvolles Produkt der westlichen Zivilisation und Imagination ist, sollten sich solchen Anleihen nicht in den Weg stellen.

7
Der Nutzen von Ritualen

Die bevorzugten Daten, mit denen ein Psychoanalytiker Einsichten zu erhalten versucht und die das Potenzial zu weiterer Verallgemeinerung haben, sind seine Fallgeschichten. Und die Fallgeschichte, die ich hier einsetze, um zu versuchen, den Nutzen von Ritualen zu verstehen, ist meine eigene. Mein Verständnis von Ritualen ist also nicht von meinem Erlebnishintergrund zu trennen, den ich in Worte zu fassen versuche, auch wenn ich mir dessen bewusst bin, dass derartige Artikulierungen unvollständig bleiben müssen.

Meine Kindheitserinnerungen von Ritualen stammen aus dem Haus meiner Großeltern – ein dunkles, dreistöckiges Haus in einer schmalen Gasse abseits des Hauptbasars in Lahore, ein Haus mit wenig Platz, aber viel Wärme, das ein Ort vieler ritueller Festlichkeiten war. Die Rituale wurden innerhalb einer typischen indischen Großfamilie zelebriert, einer bunten Mischung aus Dutzenden von Brüdern, Schwestern, Kusinen, Onkeln und Tanten väterlicherseits, die zu Besuch waren – Besuche, die in manchen Fällen bis zu einem Jahr andauerten. Meine Kindheitserinnerungen an diese Rituale sind die der ausgelassenen Fröhlichkeit und Erregung, unterbrochen von feierlichen Zwischenzeiten. Ich habe eine vage Erinnerung an rituelle Spezialisten – die *pandits* und *pujaris* –, die einige der religiösen Rituale leiteten, und eine sehr viel stärkere Erinnerung an die Küche voller Frauen, in der von frühmorgens bis spätnachts Geschäftigkeit herrschte, diese

Quelle dampfender, heißer Delikatessen, die aus den Fritteusen und Pfannen kamen.

Meine Erinnerung an Rituale ist auch nicht zu trennen von den Geschichten, die von der einen oder anderen Tante erzählt wurden, bevor ich abends einschlief. Die Geschichten, die von den Ursprüngen eines Rituals handelten oder Warnungen vor Unglück waren, das diejenigen erwartete, die ihre richtige Ausführung vernachlässigten, stammten aus den Epen. Darunter waren aber auch Volksgeschichten über Prinzen und Prinzessinnen, die von Magiern in Vögel und Tiere verwandelt wurden und wieder zurück in Menschen. Meine früheste Assoziation mit einem Ritual stammt also aus einer Zeit, die sich außerhalb der Realität des Alltagslebens befand, einer Zeit der Aufregung und des Zaubers.

Dieser Zauber wurde von meinem Vater etwas entkräftet. Er war ein kompromissloser Rationalist, der auf religiöse Rituale als abergläubische Relikte vergangener Epochen hinabsah, von denen der moderne Mensch sich zu Recht befreit hatte. Mein Vater war ein Regierungsbeamter, der als Erster seiner Familie aus dem einheimischen «Basar-Leben» in die indo-britische Welt des Raj eintrat – eine Welt der Beamtensiedlungen und Armeekasernen, der Klubs und Picknicks. Er war jemand, der von seinem Temperament her unmöglich durch Religion oder die Schönheit indischer Rituale, Kunst oder Musik bewegt werden konnte. Mit einem starken Glauben an die Rationalität als wünschenswerten Grundsatz zur Regelung menschlicher Angelegenheiten, identifizierte er sich bereitwillig mit seinen britischen Vorgesetzten. Er betrachtete sie als tapfere Kämpfer gegen den Verfall der indischen Gesellschaft, die mit Magie und Aberglauben durchsetzt war.

Mein Vater war aber auch ein freundlicher, bedachtsamer Mensch, der niemals etwas gegen die Tempelbesuche meiner Mutter einwandte oder sich in die Ausübung ihrer Rituale einmischte, obwohl uns allen klar war, mit wie viel

Geringschätzung er diese Aktivitäten betrachtete. Die einzigen Rituale, die für ihn einen gewissen Wert hatten, waren Rituale, die die Übergänge wichtiger Lebensstadien kennzeichneten: Geburt, Heirat und Tod. Diese, sagte er, wären nicht wegen ihres überflüssigen religiösen Inhalts wertvoll, sondern weil sie uns innehalten ließen vor den bleibenden Mysterien der menschlichen Existenz.

Meine eigene Haltung gegenüber Ritualen war, wie man sich leicht vorstellen kann, ambivalent. Ich liebte es, am rituellen Leben im Haus meiner Großeltern teilzunehmen. Selbst in unserer Kleinfamilie half ich meiner Mutter gerne bei ihren Vorbereitungen für *Diwali* oder *Rakhi*. Ich genoss die Entfaltung des stets gleichen Ablaufs von Handlungen, das Zusammenkommen von Menschen, die man liebte und von denen man geliebt wurde, den Ernst der Feierlichkeit, der schon bald von fröhlicher Ausgelassenheit abgelöst wurde, das Gefühl, aus dem gewöhnlichen Alltag in einen magischen Raum gezogen zu werden, in dem die Zeit aufhörte zu existieren – all dies war zutiefst verführerisch für den kleinen Jungen, der ich war. Dennoch konnte ich wie jedes andere Kind nicht darauf warten, endlich erwachsen zu werden, und fühlte mich getrieben, die Einstellungen gegenüber Ritualen von dem Erwachsenen anzunehmen, den ich am meisten verehrte – meinem Vater.

Die Haltung meines Vaters gegenüber Ritualen wurde in den Anfängen meiner Zeit als Psychoanalytiker weiter bestärkt. Die Psychoanalyse wird mit Recht die Hermeneutik des Misstrauens genannt, und Freud war, in den Worten des Philosophen Paul Ricœur, ein «Meister des Misstrauens».[1] Was Rituale betrifft, weigert sich die Psychoanalyse, deren religiöse Erklärungen zu billigen, die für mich in den Geschichten, die ich als Kind gehört hatte, zugegen waren. Ein klassischer Psychoanalytiker ist also nicht daran interessiert, was ein bestimmtes Ritual enthüllt, sondern was es verbirgt. Mit anderen Worten, sein intellektuelles Interesse liegt darin, den unbewussten Inhalt, den das Ritual abwehrt, aufzuspüren. Dass Psychoanalytiker bei diesem Vorhaben manchmal übertreiben und fantasievolle Erklärungen heranziehen, die weit hergeholt scheinen, ist ein akzeptierter Teil der analytischen Arbeit.

Als angehender Analytiker lernte ich, dass Psychoanalytiker Rituale ganz anders verstehen als Religionswissenschaftler oder Anthropologen. Letztere betrachten Rituale als eine zeremonielle Form, die die Verbindung des Einzelnen mit der Natur, der Gemeinschaft und dem Heiligen vertieft und die den Einzelnen gereinigt und mit dem Gefühl entlässt, an etwas Bedeutungsvollem teilgenommen zu haben. Wenn Analytiker hingegen von Ritualen sprechen, gehen sie von Handlungen eines Menschen aus, der an zwanghaften Störungen leidet und bereits bei kleinsten Abweichungen von der Routine in Panik gerät. Es kann sich zum Beispiel um jemanden handeln, der unter einem Waschzwang leidet, der also Dutzende Mal am Tag seine Hände schrubbt und dennoch niemals das Gefühl hat, dass sie sauber sind. Ich möchte die psychoanalytische Betrachtungsweise von Ritualen als etwas in seiner Intention Zwanghaftes nicht unbedingt von der Hand weisen. Dieser Aspekt von Ritualen, in einem bedrohlichen Chaos wieder Ordnung herzustellen (ein Merkmal der Zwanghaftigkeit), spiegelt sich auch in den Theorien der Anthropologin Mary Douglas und des Religionswissenschaftlers Roy Rapaport wider, die ebenfalls die ordnende Funktion von Ritualen hervorheben.[2] Psychoanalyse mag im Ritual lediglich ihre Karikatur aufdecken, dennoch ist diese Enthüllung wichtig, um uns die ständige Gefahr ins Bewusstsein zu rufen, dass Rituale nicht weit von ihrem verzerrten Doppelgänger entfernt sind.

Als Kind also waren Rituale für mich eine Mischung aus Aberglauben, Geheimnissen und Aufregung, und als junger Erwachsener in der psychoanalytischen Ausbildung erfuhr ich, dass ihnen der Geruch seelischer Störung anhaftete.

Schon damals spürte ich, dass die Psychoanalyse mich von meiner heimatlichen, indischen Vorstellungswelt wegführte, die voller Mythen und Wunder war, von denen viele um rituelle Aktivitäten kreisten. Erst heute mit dem Älterwerden bin ich – auch wenn ich weiterhin Freuds skeptische Haltung teile – weniger eingenommen von dem Handel, den ich einging, als ich jung war. Vielleicht ist es wahr, dass das unschuldige Auge nichts sieht – andererseits ist das skeptische Auge voreingenommen.

Die Haltung, die mein Vater Ritualen gegenüber vertrat, ist nicht schwer zu verstehen. Ich erwähnte, dass er ein altmodischer Rationalist war, obwohl das Adjektiv «altmodisch» ihn als jemanden, der Rationalität als Synonym für Modernität betrachtete, sicherlich geärgert hätte. Er war durch und durch ein Produkt des englischen Bildungssystems. Er idealisierte den modernen Westen – und zwar den selbstbewussten, imperialistischen Westen der ersten Hälfte des 20. Jahrhunderts – und hatte einen Mythos verinnerlicht, den der Westen mit dem Hinduismus teilte, nämlich dass der Kern eines Rituals in der strengen Genauigkeit seiner Ausführung liegt. Als junger Mann war er von der Reformbewegung der Arya Samaj beeinflusst, die wiederum den puritanischen Glauben verinnerlicht hatte, dass Rituale lediglich leere Formen ohne wahren religiösen Inhalt, also nur Hülsen oder Schalen seien. Die Zeiten haben sich geändert. Sein Modernismus wurde von einem Postmodernismus (mit wiederum eigenen Mythen) abgelöst, der das infrage stellte, was für meinen Vater Gewissheiten waren. Über die Jahre habe ich – als Laie, nicht als Wissenschaftler – den Nutzen von Ritualen zu schätzen gelernt und eine Haltung eingenommen, die weit von der meines Vaters entfernt ist. Dennoch bleiben Überreste seiner Haltung gegenüber Ritualen in meiner Psyche verankert, wie ein Nahrungspartikel, das zwischen den Zähnen steckt und ständig von einer irritierten Zunge betastet wird. Heute kann ich die Bedeutung von Ritualen im menschlichen Leben schätzen, doch gleichzeitig kann ich nicht umhin, rituellen Spezialisten mit Misstrauen zu begegnen – weniger den Wissenschaftlern als den Berufsspezialisten für Rituale. Letztere sind oft nostalgische Bewahrer der Tradition, Verfechter von verblichenem oder bereits totem Brauchtum, das nur noch wenig Relevanz hat für die Welt, in der wir leben. Ich kann mit Begeisterung Rituale mitfeiern, habe aber auch feine Antennen für Rituale entwickelt, die wahrhaftig leer sind – wo Form wichtiger ist als Inhalt. Ich bin während der Teilnahme an einem Ritual manchmal so sehr damit beschäftigt, meinen privaten «Radar» einzustellen, um die Handlung nach Zeichen des Schwindels oder nach leerer Routine abzutasten, dass ich die zentrale Bedeutung eines bestimmten Rituals fast verpasse. Es ist, als wolle ich die Haltung meines Vaters zu Ritualen bestätigen, während ich sie gleichzeitig widerlegen möchte.

Es gibt natürlich eine Vielfalt an Ritualen, zu denen auch Alltagsrituale zählen, zum Beispiel als Familie für eine Mahlzeit zusammenzukommen. Dann sind da die nur einmal im Leben stattfindenden Zeremonien rund um wichtige Ereignisse, die unseren kulturellen Status verändern. Es gibt Heilrituale und akademische Rituale, politische und juristische Rituale, Rituale des Krieges und des Friedens, Rituale des Sports und Rituale der Wissenschaft und so weiter. Ich bin von meinem Temperament her kein Taxonom und werde daher nicht nach Kriterien ihrer Einordnung suchen oder gar auf ihnen herumreiten, sondern komme zum Hauptthema dieses Essays: dem psychologischen Nutzen von Ritualen.

Es gibt unter Wissenschaftlern, die sich mit Ritualen befassen, die weit verbreitete Übereinstimmung, dass Rituale wichtig für die Herausbildung von Identität auf kultureller, sozialer und persönlicher Ebene seien. Psychologisch gesprochen liegt der Wert eines Rituals bei dem Grad, mit dem es zur Stärkung des Identitätsgefühls eines Menschen beiträgt. Dies kann ein Beitrag zu den individuellen Aspekten der Identität sein, zum Beispiel in Ritualen, die unseren Lebenszyklus hervorheben, indem seinen Anfängen, Übergängen und auch der Verbindung zur Natur und dem Kosmos Bedeutung beigemessen wird. Rituale können ebenso den Gruppenaspekt der Identität bestärken, indem sie unsere Verbindung mit anderen hervorheben, die zu unserer Familie, Kaste, Nation, zu unserem Glauben oder Stamm und so weiter gehören. Solche Rituale lehren uns, die von der Gruppe sanktionierten Dinge zu tun. Sie erhöhen das «Wir-Gefühl», während Außenstehende gleichzeitig ausgeschlossen werden als «die», die den richtigen Weg nicht kennen. Eine weitere psychologische Klassifizierung von Ritualen ist ihre Einteilung in solche, die unser Identitätsgefühl vor einer wahrgenommenen Gefahr schützen, indem die Psyche verschlossen wird, und andere, die die Identität erweitern, indem die Psyche gegenüber neuen Erfahrungen geöffnet wird. In meiner ganz persönlichen Lebensphilosophie bezeichne ich Erstere als «Vater-Rituale» und letztere als «Mutter-Rituale». Die beschützenden, konservativen Rituale können zu rigiden Zwangshandlungen degenerieren (so wie das beständige Händewaschen), während die erhebenden, transformierenden Rituale der Gefahr unterliegen, in Größenwahn umzuschlagen. Etwas theoretischer ausgedrückt ist das, was ich hier herausstellen möchte, ein leidiges Problem der Ritualstudien, bei denen es um die Frage geht, wie eine Verbindung von konservativen und transformativen Funktionen ritueller Aktivitäten zustande kommen kann.

Wenn ich auf meine eigene, unstetige Teilnahme an Ritualen zurückblicke, dann sind die wichtigsten Rituale, bei denen ich mich am lebendigsten gefühlt habe, diejenigen gewesen, die beide Elemente – konservative und transformierende – in einem psychologisch stärkenden Moment miteinander verbunden haben. Mit anderen Worten, es waren Rituale, mit denen bestimmte bedrohliche Momente psychischer Gefahr zu einer Verschließung führten, während die Psyche sich gleichzeitig öffnete, um ein erweitertes Selbstgefühl zu erfahren – etwas, das schwierig in Worte zu fassen ist, was sich aber grob mit den Begriffen «Staunen», «Verzauberung», «Ehrfurcht» oder «einem Gefühl des Allmächtigen» erfassen lässt.

Ich möchte an dieser Stelle lediglich zwei Beispiele von Ritualen erläutern, in denen sich zeigt, dass diese beiden widersprüchlich erscheinenden Aspekte schlicht komplementär zueinander sind. Das heißt, dass sich das Sich-Verschließen und Sich-Öffnen gegenüber Erfahrungen nicht ausschließt, sondern dass beide miteinander verbunden sind. Ich beginne mit einem stillen Ritual, das die meisten von uns gut kennen, entweder aus eigenen Kindheitserinnerungen oder aus den Erfahrungen als Eltern oder aus beidem.

Es ist Nacht. Der vierjährige Junge liegt im Bett, schläft aber noch nicht. Er wartet auf seine Mutter. Im Haushalt wird es leiser, ein weiterer Tag klingt aus. Die Mutter kommt herein, setzt sich im Schneidersitz auf das Bett, auf den gewöhnlichen Platz, wo sich beide ansehen können, während sie ihm eine Gute-Nacht-Geschichte erzählt. Der Junge spürt aus ihrem zufriedenen Seufzen, mit dem sie die Geschichte zu erzählen beginnt, die er schon viele Male gehört hat, dass sie heute entspannter ist. Für sie ist das Zubettgeh-Ritual ebenfalls ein sicherer Zufluchtsort vor den Anforderungen und Spannungen der Großfamilie. Es bereitet ihr offensichtlich Vergnügen, diese bekannten, schrittweisen Handlungen zu wiederholen, die dazu führen, dass er einschläft. Am Anfang unterbricht er die Erzählung manchmal, verbessert sie, wenn sie einen Fehler gemacht hat, erinnert sie an ein Versäumnis, aber langsam verändert sich die Stimmung im Schlafzimmer. Ein unsichtbares Netz der Sicherheit sinkt auf das Bett herab und umschließt Mutter und Kind, selbst als die Nacht die bekannten Umrisse des Tages verwischt. Die Geräusche außerhalb des Hauses, die bellenden Straßenhunde, das Pfeifen des Nachtzuges, der aus der Station herausfährt, scheinen von weit her zu kommen. Manchmal streichelt die Hand der Mutter über sein Haar, während ihre geschichtenerzählende Stimme sich über ihn legt und ihm die Angst vor dem kommenden Schwinden des Bewusstseins nimmt. Er fürchtet sich nicht mehr vor dem Unbekannten der Nacht und ihren möglichen Schrecken. Während sie sich in gegenseitiger Bestätigung anschauen, fühlt das Kind nicht nur die Abwesenheit von Angst im Raum, sondern die Gegenwart von etwas Außergewöhnlichem und doch Bekanntem, eine Verzauberung, die die letzten Momente seines Wachbewusstseins durchdringt. Später, als Erwachsener, wird er einen Namen für diese bemerkenswerten Momente des Zubettgeh-Rituals finden. Sie waren gekennzeichnet von dem, was der Psychologe William James «das Numinose» nannte – etwas Magisches, das seine Mutter jeden Abend zur Bettzeit in eine wohlwollende Göttin verwandelte.

Mein zweites Beispiel ist ein sehr viel bewegteres. Es handelt sich um eine Ritualhandlung der Besessenheit und Heilung. Solche Rituale können an heilenden Orten wie zum Beispiel besonderen Tempeln und *dargahs* stattfinden, die für ihre Heilungszeremonien bekannt sind. Sie können sich auch in charakteristischen Kulthandlungen wie dem Besessenheitstanz in Südwestindien zeigen, in denen männliche Ritualspezialisten sich während der Tempelfeste als wilde Göttinnen kleiden und von deren Geist besessen werden. Solche Rituale bieten sich für eine psychologische Deutung geradezu an. Ich habe einige von diesen Heilungsritualen in nordindischen Tempeln und bei den Oraon-Stämmen von Jharkhand in einer früheren Arbeit beschrieben.[3] Hier aber richtet sich mein Schwerpunkt nicht auf die psychologische Interpretation von Inhalt oder Kontext eines Rituals, sondern darauf, was ein Ritual lebendig macht. Ich möchte das Erlebnis von Ritualen hervorheben, nicht ihre Erklärung. Oder, um es genauer auszudrücken, ich möchte der Interpretation der Er-

fahrung den Vorrang geben, nicht dem Inhalt. Das Heilritual, von dem ich spreche, ist sehr viel dramatischer als das Zubettgeh-Ritual. Solche Rituale werden oft in Form eines polyphonen Theaterstücks aufgeführt, mit den Stimmen des Schamanen oder Exorzisten, den Stimmen besitzergreifender Geister oder Gottheiten und denen des Patienten, die sich allein oder in einem verwirrenden Gekrächze bemerkbar machen. Es sind Stimmen, die in Wut erhoben werden, die drohen, schreien oder betteln können. Das reine Heilritual kann von einer Vielfalt körperlicher Bewegungen begleitet werden: vom rhythmischen Wiegen des Oberkörpers des Patienten oder dem gewaltsamen Schütteln des Kopfes, von unerwarteten Tanzbewegungen des Patienten oder des Schamanen, Schlägen, die der Patient sich selbst zufügt oder die vom Heiler verordnet sind, und so weiter. In den Tempelfestritualen in Kerala, wie sie von Sarah Caldwell beschrieben werden, spielen rituelle Spezialisten den Mythos der Göttin in einer Besessenheitstrance nach, so dass den Anhängern ein direktes Erlebnis der Göttin in lebendiger Form vermittelt wird.[4] Aus eigener Erfahrung kann ich bestätigen, dass bei einem solchen Ritual mit seinen verkörperten Gottheiten oder Geistern aus einer anderen Welt ein mildes Stadium eines veränderten Bewusstseins selbst bei den skeptischsten Zuschauern hervorgerufen werden kann. Der dramatische Aspekt dieser Heil- und Verehrungsrituale dient als Anlass, die gewöhnliche Art und Weise, die Welt zu erfahren, aufzurütteln. Der alltäglichen Realität wird so eine Bedeutung verliehen, die sie vorher nicht hatte, selbst wenn der Zuschauer *weiß*, dass er nur einem «Drama», einer Aufführung beiwohnt.

Allein Teil einer solchen Zuschauerrunde zu sein kann zu einem leicht veränderten Bewusstseinszustand führen, nämlich zu dem Gefühl, dass die normalen psychologischen Abwehrprozesse und Kontrollen geschwächt sind und das Identitätsgefühl verunsichert wird. Man ist gegenüber bedrohlichen wie auch vorteilhaften äußeren Einflüssen also offener. Oder, um ein anderes Vokabular zu nutzen, es herrscht ein Gefühl der Verwundbarkeit gegenüber bösartigen und wohlwollenden Geistern vor, gegenüber schützenden und wilden Gottheiten. Die Berührung anderer Körper ist nur einer der sinnlichen Reize, die an die Pforte der individuellen Identität pochen, mit dem Ziel, diese zu schwächen. Andere sinnliche Erregungen, die visuell, akustisch und durch den Geruch vermittelt werden, sind ebenso beteiligt wie der unterschwellige Austausch von Körperwärme, Muskelspannung und Körperrhythmen, die in der Masse stattfinden. Die Schwächung der Identität geht Hand in Hand mit der Auflösung der Kontrolle über Gefühle und Triebregungen und einer allmählichen Aufgabe der kritischen Urteilsfähigkeit und des rationalen Denkens.

In diesem hoch empfänglichen und auch erwartungsvollen Zustand habe ich oft die Bedrohung der Geister, von denen Patienten besessen waren, gefühlt, selbst wenn ich mir darüber im Klaren war, dass die Bedrohung eine Projektion meines eigenen inneren Zustandes war. Was mit dieser Projektion, während meine Abwehr sich lockerte, aus den unbewussten Tiefen an die Oberfläche drängte, war meine eigene «Schlechtigkeit». Und dann, im weiteren Verlauf des Rituals, lässt die Bedrohung nach. Was nun in den Vordergrund rückt, ist die Vision eines zutiefst wohlwollenden Universums, dem man jede Störung des Körpers oder Geistes anvertrauen kann. Wie schon bei dem Zubettgeh-Ritual des Kindes treffen wir auch hier auf den magischen Moment, mit dem das Ritual zum Leben erweckt wird. Dies sind Momente, die nur dann entstehen können, wenn die Psyche sich in einer gefühlten Situation der Gefahr vor dieser verschließt, während sie sich gleichzeitig gegenüber den unbekannten, aber wohlwollenden Kräften öffnet.

Rituale – zumindest diejenigen, die ich als «lebendig» und psychologisch wertvoll empfinde – sind für mich also nicht etwas Symbolisches, das für etwas anderes steht. Sie sind keine Tore in unbekannte Welten oder Türen zu anderen Realitäten. Wir haben diese fesselnden transformierenden Momente von Ritualen «magisch» genannt – und das ist es, was ein wahrhaft lebendiges Ritual ausmacht; es übermittelt das Erlebnis der Verzauberung – nicht weniger, nicht mehr. Man kann über Rituale sagen, was der große Jazz-Musiker Duke Ellington einmal über Jazz sagte: «It don't mean a thing, if it ain't got that swing.»

Dass Gefahr mit einem Ritual abgewendet werden kann, ist ebenso illusorisch wie die Vorstellung von heraufbeschworener Sicherheit. Ein Ritual ist eine Illusion, aber eine notwendige und sogar erstrebenswerte. Es hilft einem, für eine Weile aus der banalen Alltagswelt auszubrechen, einer Welt, die sich immer schon als unzulänglich für unsere Erfahrungen und Hoffnungen erwiesen hat. Für einen kurzen Zeitraum befreien uns Rituale von dem, was der irische Dichter William Butler Yeats «die Verwüstung der Realität» nannte.[5] Ganz gleich wie stark sich der moderne Mensch nach einer solchen frühen Lebensstufe sehnen mag, in der die Magie von Ritualen selbstverständlich war, weiß man auch, dass eine Rückkehr zu rituellem Erleben mit der charakteristischen Naivität eines Kindes unmöglich ist. Vielleicht kann man in Bezug auf Rituale nur anstreben, was Paul Ricœur den Gläubigen nahelegte: eine «zweite Naivität»,[6] eine kultivierte, erwachsene, reflektierte Bejahung von Ritualen anzunehmen, ohne das nötige korrigierende Misstrauen aufzugeben.

8

Religion und Psyche: Freud lesen in Goa

Ich habe «Die Zukunft einer Illusion» das erste Mal gelesen, als ich neunzehn war.[1] In indischen Provinzstädten aufgewachsen, studierte ich inzwischen Maschinenbau in Ahmedabad, einer Stadt, die zutiefst mit Gandhi und der indischen Freiheitsbewegung verbunden wird. Hier stieß ich auf Freuds Schriften und unternahm meine ersten Schritte in die westliche Ideen- und Vorstellungswelt. Ich kann nicht behaupten, dass ich alles, was ich so gierig verschlang, verstanden hätte. Ich spürte aber, dass ich von meiner heimischen Hindu-indischen Vorstellungswelt weggeführt wurde – einer Welt, die voller Mythen und Wunder und von einer romantischen Sehnsucht durchdrungen war. Mir öffnete sich eine Welt, in der – wenn man genau und tief genug schaute – alle Götter Tonfüße hatten. Dieses Erlebnis war erhebend.

«Die Zukunft einer Illusion» war in meinem persönlichen «Befreiungskampf» ein wichtiger Text, auch wegen Freuds Einschätzung der Religion, die im Einklang zu sein schien mit dem Religionsverständnis meiner zweiten jugendlichen Leidenschaft: des Marxismus. Freud ist reiner Marxist, wenn er davon spricht, dass einer trägen Masse die Kultur von einer Minderheit auferlegt wird, die es versteht, sich der Mittel von Macht und Zwang zu bedienen (S. 110). Auch spricht er im Sinne von Marx, wenn er über die ökonomischen Grundlagen der Kultur – die Probleme der Gewinnung und Verteilung von Gütern – schreibt. Erst dann wendet er sich einer «psychischen Bestandsaufnahme» von Kultur zu, in der Religion ein so wichtiger Aspekt ist, Menschen mit ihrem Los auszusöhnen.

Für jemanden, der zu einer Zeit aufwuchs, in der westliche Modernität – ein Sammelbegriff für politische Demokratie, wissenschaftliche Rationalität und philosophischen Individualismus – von vielen Indern als eine erstrebenswerte Zukunft der Gesellschaft betrachtet wurde, war Freuds Angriff auf alles Religiöse, einschließlich meines hinduistischen Erbes, ebenso willkommen wie die marxistische Ablehnung der Religion als Opium des Volkes. Für viele von uns, berauscht von den Ideen westlicher Gurus, hatte sich die politische Freiheit vom Kolonialismus noch nicht zur Freiheit des «entkolonialisierten Geistes» weiterentwickelt.

Heute, Jahrzehnte später, stimme ich nicht länger mit Nietzsches Ausruf überein, dass jede Vergangenheit es wert sei, verdammt zu werden.[2] Indessen hinterfrage ich meine frühere Idealisierung westlicher Kultur und der jüdisch-christlichen Tradition, in der auch die Psychoanalyse – trotz einiger Differenzen in ihrer Vorstellung vom Menschen – einen festen Platz hat. Und so kehre ich mit einiger Skepsis zurück zu dem großen Skeptiker Freud.

Beim Lesen der «Zukunft einer Illusion» aus der Perspektive eines Inders und in einem späteren Lebensabschnitt bin ich erstaunt, wie wenig Freuds Analyse der Religion von «persönlichen Momenten seiner eigenen Erfahrungen» und «subjektiven Erwartungen» (S. 109) seines kulturhistorischen Hintergrundes zu trennen ist. Als Hindu überrascht mich das nicht, wobei an dieser Stelle erwähnt werden sollte, dass ich das «Hindu-Gewand» – nicht ganz ohne spielerische Anstrengung – bewusst für den Zweck dieses Essays überstreife. Es ist ein Grundsatz hinduistischer Philosophie, dass individuelles «Handeln» nur im Kontext einer Kultur und eines Landes (*desha*), der historischen Zeit, in der jemand lebt (*kala*), der Anstrengungen, die einem in einer bestimmten

Lebensphase abverlangt werden (*shrama*), und nicht zuletzt der angeborenen psychobiologischen Charaktereigenschaften (*guna*) verstanden werden kann. Der Einzelne kann diese Konfigurationen, seinen auf Erfahrungen aufbauenden Hintergrund, niemals in einem absoluten Sinn erkennen. Dieser Grundsatz ähnelt dem Argument des Philosophen Charles Taylor, der sagt, dass unser auf Erfahrung beruhender Hintergrund nie vollständig fassbar ist, da jegliche Artikulation aus diesem subjektiven Hintergrund hervorgeht.[3]

Wenn man die Hindu-Doktrin von *guna*, die zusammen mit dem Glauben an die Wiedergeburt die menschliche Entwicklung in einer Folge von früheren Leben verankert sieht, durch das freudsche Gegenmodell ersetzt, also *guna* in die frühe Kindheit verlagert (in die «Vor-Geschichte» des Erwachsenen statt in frühere Geburten), dann ist die traditionelle hinduistische Betonung der Relativität allen menschlichen Handelns (einschließlich der Entstehung von Wissen) erstaunlich modern. Diese Hervorhebung der Relativität, obwohl noch selten in psychoanalytischen Schriften,[4] fällt mit einflussreichen Strömungen in der modernen westlichen Philosophie zusammen, in denen zumindest auch die kulturhistorische Einbettung (*desha-kala*-Komponente) des menschlichen Wissens und Verständnisses betont wird.[5] Und obwohl die Psychoanalyse sowohl klinisch als auch theoretisch einige kulturhistorische Wahrheiten ihrer Epoche infrage stellt, sind die Schriften Freuds ein herausragendes Beispiel dafür, dass Kultur und Geschichte – *desha* und *kala* – lautlos im Hintergrund unseres Bewusstseins wirken. Mit anderen Worten, die Psychoanalyse ist zwangsläufig mehr ein Produkt als eine Kritikerin ihrer Zeit.[6]

Lassen Sie mich ein Beispiel vom Anfang der «Zukunft einer Illusion» geben, wo Freud wie ein konservativer, patriarchischer Brahmane klingt, der die unteren Kasten betrachtet, wenn er von der Notwendigkeit einer überlegenen Führungsklasse schreibt: «Ebensowenig wie den Zwang zur Kulturarbeit, kann man die Beherrschung der Masse durch eine Minderzahl entbehren, denn die Massen sind träge und einsichtslos, sie lieben den Triebverzicht nicht, sind durch Argumente nicht von dessen Unvermeidlichkeit zu überzeugen und ihre Individuen bestärken einander im Gewährenlassen ihrer Zügellosigkeit.»[7] Betrachtet man die oben genannten vier «Hindu-Koordinaten», die Handlung bedingen, so sind die *desha*- und *kala*-Komponenten in Freuds Beobachtung ziemlich klar: Er lebte in Europa zwischen den Weltkriegen, als extreme Ideologien der Linken und Rechten Massenbewegungen entstehen ließen, die von messianischer Leidenschaftlichkeit durchdrungen waren. Aufbauend auf der klassischen Vorstellung von Massen, die von Gustave Le Bon beschrieben wurden (dessen eigene Ideen sich wiederum vor dem Hintergrund der Furcht der französischen Oberschicht vor den revolutionären Massen entwickelt hatten), ist Freuds Nachdenken über die Massenpsychologie von ideologischen Befürchtungen seiner Zeit beeinflusst, nämlich der liberalen Angst vor dem Verlust individueller Autonomie in einem Kollektiv und der sozialistischen Sorge, wie das ersehnte Kollektiv toleranter und tolerierbarer zu machen sei. Zudem wurde Freuds starker antireligiöser Standpunkt auch der Tradition des radikalen Rationalismus zugeschrieben, einer Tradition, in der er aufgewachsen war,[8] wie auch den kulturellen Kontexten des freudschen Wien, in dem eine konservative katholische Kirche antisemitische Politik förderte, die schließlich im Nationalsozialismus kulminierte.[9]

Sucht man in der «Zukunft einer Illusion» die individuellen Koordinaten (die *shrama-guna*-Komponente), wird es schwieriger. Vielleicht hing Freuds Ablehnung der Religion als universale Zwangsneurose der Menschheit mit seiner damaligen Lebensphase (*ashrama*) zusammen, die von seiner Krankheit und einem sich vertiefenden Pessimismus gezeichnet war. Wir wissen, dass seine Ansichten über Religion in früheren Lebensstadien etwas milder waren. Paul Roazen erinnert uns in seiner Einleitung zu Oskar Pfisters Korrespondenz mit Freud daran, dass Freud ein Jahrzehnt früher, in seiner Fallgeschichte vom Wolfsmann, sehr viel toleranter gegenüber der Religion war als in seinen durchgängig negativen Kommentaren in der «Zukunft einer Illusion».[10] Und was seine *guna*-Persönlichkeitszüge anbelangt, die aus seiner «Vor-Geschichte» stammen, etwa Freuds Mangel an «Musikalität» gegenüber der Religion, so wurde argumentiert, dass sie mit dem Bedürfnis der Verdrängung der mütterlichen Feindseligkeit zusammenhängen, die dann auf den Vater und die Religion übertragen wurde.[11]

◆

Nach der methodischen Betrachtung der «Zukunft einer Illusion» durch eine traditionelle hinduistische Brille werde ich mich nun dem weitaus bedeutenderen Inhalt zuwenden und dabei wieder eine hinduistische Position einnehmen. Ich werde allerdings nur Freuds Diskussion des psychologischen Ursprungs der Gottesidee und des Wesens der Illusion aufgreifen, die einem nachdenklichen Hindu, der mit Freuds Anliegen der Dekonstruktion religiöser Ideen ansonsten sympathisiert, merkwürdig, wenn nicht unverständlich erscheint. «Achtzig Jahre nachdem Sie ‹Die Zukunft einer Illusion› verfassten, frage ich mich, ob Sie noch immer an Ihren Hauptthesen festhalten», würde unser imaginärer Hindu seinen Dialog mit Freud beginnen (in einer Art literarischer Fantasie-Form, die auch Freud häufig eingesetzt hat). «Ich bin mir im Klaren darüber, dass Sie den Inhalt, schon kurz nachdem Sie den Text verfasst hatten, als kindisch bezeichneten[12] und dass Sie Ihre strenge Haltung in gewisser Hinsicht später, in ‹Das Unbehagen in der Kultur›, abmilderten, indem Sie sagten, dass Sie nicht über die tiefsten Quellen der Religion sprächen, sondern über das, was der einfache Mann unter Religion versteht.[13] Dennoch treten Sie in allen

Ihren Schriften zur Religion von zwei Schlussfolgerungen nicht zurück, der Idee von Gott als erhöhter Vaterfigur und dem illusorischen Wesen religiöser Glaubenssysteme, die Sie als offensichtlich infantil und realitätsfern bewerteten.[14] Deshalb möchte ich hier auf diese beiden Ideen eingehen, ohne darüber zu spekulieren, wie Sie diese revidiert hätten – etwas, das Sie im Lichte neuer Beobachtungen und Erkenntnisse nie zögerten zu tun. Eine Hauptschwierigkeit, die ich mit ‹Die Zukunft einer Illusion› habe, ist Ihre Vorstellung, dass die religiösen Ideen und Glaubensvorstellungen einen zentralen Platz in der Religion des einfachen Mannes einnehmen. Im Hinduismus haben Ritual und Praxis Vorrang vor dem Glauben, dem weit weniger Bedeutung beigemessen wird als in der jüdisch-christlich-islamischen Tradition. Ein Hindu mag an einen oder viele Götter glauben oder kann ein Atheist sein, was ihn allerdings zum Hindu macht, sind die rituellen Praktiken und sein Einhalten von Regeln statt das Befolgen von Doktrinen. Rituale haben Vorrang vor theologischen Doktrinen – historisch und konzeptionell[15] –, und die religiöse Identität eines Hindu hängt nicht von geteilten Ideen und Glaubensvorstellungen ab, sondern von Ritualen und Übergangsriten, die zu Hause oder im Tempel, auf Festen und Pilgerfahrten zelebriert werden. Kurzum, ein Hindu ist, was ein Hindu tut.»

Hinduistische Gottesvorstellungen haben sich in ihrer fünftausendjährigen Geschichte durch viele Gegenströmungen herausgebildet. Über die Jahrhunderte haben Wechselwirkungen und Synthesen dieser Glaubensströmungen zum gegenwärtigen Hinduismus mit seinen vielfältigen Lehren und diversen Kulten geführt. «Da steht der Glaube an die Beseeltheit von Steinen oder Bäumen (Animismus, Pantheismus) neben dem Glauben an Hochgötter, die monotheistische Verehrung eines Gottes ist ebenso möglich wie die polytheistische oder -dämonistische Anbetung vieler Götter, Dämonen und Geister», schreibt der

Indologe Axel Michaels und fährt fort, «gelebt wird die Religion in ritualistischen (Brahmanismus, Tantrismus), devotionalistischen (Bhakti), spiritualistisch-mystischen (Askese, Yoga, Meditation) und heroistischen Formen [...]. Und doch werden all diese Religionsformen weitgehend friedlich nebeneinander praktiziert. Fast möchte man meinen, in Indien sei die religiöse Postmoderne verwirklicht: ‹Anything goes.›»[16] Es ist im Hinduismus insofern schwierig, von einer einzigen, verbindlichen Vorstellung religiöser Ideen zu sprechen. Das betrifft auch die Gottesvorstellungen. Man kann von einem Gott oder vielen Göttern sprechen und zur Kenntnis nehmen, dass es ebenso Schulen gibt, wie beispielsweise im Buddhismus, die einen Gott vollkommen verwerfen. Weder in der upanischadischen noch in der yogischen Mystik, die bis ins 6. vorchristliche Jahrhundert zurückreicht und die von manchen als Aushängeschild der Hindu-Religiosität betrachtet wird, findet sich eine Spur von Liebe zu Gott oder von Sehnsucht nach Vereinigung mit ihm. Beides aber gilt sowohl in der christlichen als auch in der islamischen Tradition als höchster Ausdruck mystischen Gestimmtseins.

Freud verbindet die «Geburt Gottes» mit zwei Motiven, einem augenscheinlichen und einem tiefer liegenden. Das augenscheinliche Motiv dient der Abwehr der überlegenen, zerstörerischen Naturkräfte, indem man sie vermenschlicht und sich in einer kindlichen Weise nahebringt: «Man kann gegen diese gewalttätigen Übermenschen draußen dieselben Mittel in Anwendung bringen, deren man sich in seiner eigenen Umgebung bedient, kann versuchen, sie zu beschwören, beschwichtigen, bestechen, raubt ihnen durch solche Beeinflussung einen Teil ihrer Macht.»[17] Die Formulierung des augenscheinlichen Motivs durch Freud kann auch auf die Ursprünge des altindischen Pantheons angewendet werden. Die meisten vedischen Götter (ca. 1800 v. Chr.), obgleich nicht alle, sind Naturgewalten, die sich durch Opfer und Anbetung befrieden lassen, die man um Hilfe bitten kann oder die man, wie im Falle des zornigen Rudra, überreden kann, sich nicht in die Angelegenheiten der menschlichen Welt einzumischen. Heute werden diese Naturgötter kaum noch verehrt, obgleich sie in alten Beschwörungen, die manche der religiösen Rituale begleiten, anwesend sind. Dieses augenscheinliche Motiv für die Geburt Gottes bezweifelt ein nachdenklicher Hindu nicht. Was er aber bei allem Respekt anfechten würde, ist die Stichhaltigkeit von Freuds tieferem Motiv, der Universalität des Vaterkomplexes – die Angst vor dem Vater bei gleichzeitiger Bewunderung und Sehnsucht nach ihm –, die in die Ausformung der Gottesidee einfließt.

«Sie sind am Anfang Ihrer Erkundungen der Religion sehr viel umsichtiger, Sie sind sich der historischen und kulturellen Relativität Ihrer Erörterungen bewusst und begrenzen sie auf die gegenwärtige christliche Kultur», würde unser imaginärer Gesprächspartner fortfahren. «Aber sobald Sie zu dem tieferen Motiv kommen, das Vater und Gott miteinander verschmilzt, haben Sie diese Umsicht nicht länger, beispielsweise wenn Sie behaupten, dass der Urvater das Urbild Gottes war, das Vorbild, nach dem spätere Generationen die Gottesgestalt gebildet haben (S. 145), oder wenn Sie die Religion als eine kollektive, menschliche Zwangsneurose betrachten, die wie die Zwangsneurosen bei Kindern aus dem Ödipuskomplex stammt, der Vaterbeziehung (S. 146). Ihre ganze Konstruktion der Gottesidee baut auf dem hilflosen Kind und dem beschützenden Vater auf, der auch eine Quelle der Gefahr ist. Diese Ambivalenz, die, wie Sie behaupten, tief in jede Religion eingraviert ist, scheint in der hinduistischen religiösen Vorstellungswelt nicht zu existieren oder zumindest unbedeutend zu sein – sie ist höchstens eine Melodie am Rande einer großen Symphonie.»

Der einzige Gott, der ikonografisch in der Tat mit einem grauen Bart dargestellt wird und der mit dem beschützenden Vater gleichgestellt werden könnte, ist der Schöpfergott

Brahma. Er ist heute aber ein vergessener und vernachlässigter Gott, dem in Indien nur ein einziger Tempel gewidmet ist. In den drei Haupttraditionen Vaishnavismus, Shivaismus und Shaktismus, mit ihrer entsprechenden Verehrung von Vishnu, Shiva und den vielen Formen der großen Göttin Maha Devi, wäre es schwierig, wenn nicht gar unmöglich, einen Vater in den von Hindus verehrten Göttern aufzuspüren. Es geht dabei nicht um die Frage Monotheismus kontra Pantheismus, da die meisten Hindus an die Existenz einer einzigen göttlichen Macht glauben, die sich hinter den Formen der unzählbar vielen Gottheiten verbirgt. In der Brihadaranyaka-Upanischad (ca. 900 v. Chr.) fragte der Weise Vidagdha einen anderen Weisen Yajnavalkya, wie viele Götter es gebe. Dreitausenddrei und dreihundertdrei, antwortete Yajnavalkya. Aber als Vidagdha dieselbe Frage mehrmals wiederholt, wird die Anzahl der Götter immer geringer: sechsunddreißig, sechs, drei, zwei, eineinhalb und schließlich einer.[18]

«Wenn wir nur über die beschützende Rolle sprechen, die Sie dem Gott-Vater zuschreiben», würde der hinduistische Gesprächspartner Freuds die Unterredung fortsetzen, «dann wäre diese Rolle in der hinduistischen Ikonografie elterlich statt väterlich. Hindu-Gottheiten werden gewöhnlich nicht allein, sondern mit ihrem Partner dargestellt – sei es in Tempeln oder auf Farbdrucken, die es auf jedem Basar zu kaufen gibt. Oft wird eine Gottheit auch nicht allein angerufen, sondern als Teil eines Paares: ‹Sitarama› statt ‹Sita und Rama›, ‹Radhakrishna› statt ‹Radha und Krishna›. In den zwei großen Strömungen, dem Vaishnavismus und dem Shivaismus, scheinen das Gefühl der Hilflosigkeit und die Suche nach Schutz bei Gott das Letzte zu sein, woran ein Gläubiger denken würde. Man kann beispielsweise Krishna wählen, eine Form Vishnus und einer der beliebtesten Götter Indiens: In Krishnas Ikonografie und in seiner Darstellung in der religiösen Dichtung und in Liedern ist er entweder ein

Kleinkind – mit den kindlichen Attributen der Freiheit, Spontaneität und Freude an sich selbst, die Hindus als göttliche Eigenschaften betrachten[19] – oder als ewiger Jüngling abgebildet, entweder in Begleitung seiner Liebhaberin Radha oder Flöte spielend inmitten einer oft tanzenden Schar junger Mädchen.

Im Shivaismus ist es der Gott Shiva – ursprünglich der Zerstörer in der Hindu-Trinität (Brahma ist der Schöpfer und Vishnu der Erhalter) –, der dem Gott-Vater der jüdisch-christlichen und islamischen religiösen Tradition am ähnlichsten ist. Aber Shiva ist mehr als alle anderen Gottheiten ein ungezähmter Gott, der nicht auf eine einzelne Rolle reduziert werden kann. Er ist der Gott der Asketen, aber auch der unermüdliche Liebhaber, dessen sexuelle Umarmung mit seiner Partnerin Parvati Tausende Jahre andauert. Als Hari-Hara ist er halb Vishnu und halb Shiva, als androgyner Ardhanarishvara ist er der Gott, der halb Frau ist, also Shiva und Parvati in einer einzigen Gottheit. Heute wird Shiva weniger als ein zorniger Gott betrachtet, der mit der wiederkehrenden Aufgabe betraut ist, die Schöpfung zu zerstören, sondern mehr als Shankara (‹Zerstreuer des Zweifels und der Schwierigkeiten›) oder als Shambhu (‹Wohlwollender›). Er ist somit ein freundlicher Gott, der gelegentlich zu Ausschweifungen neigt.»

Wenn es Ambivalenz im Verhältnis zum Vater ist, die zu einer starken Antriebskraft in der Gottesgestaltung wird, dann müssen wir im Hinduismus diese Ambivalenz im Verhältnis zur Mutter und zu den Göttinnen suchen, ein Motiv, das sich in der Shakta-Tradition unmittelbar zeigt. Die unzählbaren Dorfgottheiten, alle Manifestationen der Großen Göttin Maha Devi (beziehungsweise eines Teilaspekts derselben), sind erdverbunden, weltlich, vertraut mit den Unsicherheiten und Problemen, den Bedürfnissen und Gebeten des Alltags.[20] Im Vergleich dazu sind die männlichen Götter unnahbar. Die Große Göttin ist eine ambivalente Figur – sie verkörpert sowohl die zornige, blutrünstige Kali mit ihrer heraushängenden Zunge als auch die sanfte, wohlwollende Parvati mit Brüsten, die von Muttermilch überquellen. Es sind diese zornigen und schützenden Formen, die sich in der Großen Göttin vereinen. Wendy Doniger nennt sie die «Göttinnen des Zahns» und die «Göttinnen der Brust»[21] – es handelt sich sozusagen um die Urmutter statt des Urvaters, die der Idee des Göttlichen in der Shakta-Tradition zugrunde liegt.

«Ich glaube, dass die vorherrschende Haltung gegenüber Gott in der jüdisch-christlich-islamischen Tradition Sie dazu verleitet hat, diese auf andere Religionen der Menschheit zu übertragen», sagt der imaginierte Hindu zu Freud. «Abgesehen von Hingabe, Gehorsam oder kindlicher Liebe, die zusammen die üblichen Formen sind, sich einem Gott-Vater anzunähern, strebt ein Hindu danach, eine Intimität mit seiner Gottheit mithilfe anderer *bhavas* (‹Stimmungen› oder ‹Gefühle›) aufzubauen. In der hinduistischen Welt passt also nicht jedem der gleiche Anzug. So sind einige weitere Haltungen, die man gegenüber Gott einnehmen kann, beispielsweise *sakhya*, das Gefühl der Freundschaft, *madhurya*, die romantischen und erotischen Gefühle, oder *vatsalya*, das Gefühl einer Mutter gegenüber ihrem Kind. Mit anderen Worten, Gott kann zum Freund, Liebhaber oder Kind werden. Letztere Haltung gegenüber dem Göttlichen, die aus der Verehrung des Krishna-Kindes bekannt ist, führt nicht zu einem Gott-Vater, sondern zu einer Umkehrung der Beziehung von Mensch und Gott. Entsprechend sind Gefühle der Ehrfurcht im Verhältnis zu Gott und die Furcht, die damit verbunden wird, in den vaishnavitischen und shivaitischen Traditionen selten; Ehrfurcht distanziert und trennt, statt zu verbinden und zusammenzufügen.»[22]

◆

Mit dem Vorteil, Dinge im Nachhinein betrachten zu können, würde der «nachdenkliche Hindu» sagen, dass Freuds Verstrickung im *desha-kala*-Netz, in der «Archäologie des Wissens»[23] oder den Diskurs-Systemen, die einen an das binden, was zu einem bestimmten historischen Zeitpunkt gedacht und ausgedrückt werden darf, nirgends offensichtlicher ist als in Freuds pauschaler Ablehnung der Illusion. Bei all seiner Kreativität war Freud ein Erbe der europäisch-christlichen Welt, in der die Illusion lange Zeit der Inbegriff von Trickspielerei und Täuschung war, einer Welt, in der Satan der größte aller Betrüger war. Während Illusionen in einer früheren Ära als unheilvoll und dämonisch abgewehrt wurden, führte der *logos* der Wissenschaft im Zeitalter Freuds dazu, dass er Illusionen als etwas Pathologisches betrachtete. Entsprechend wird Religion bei Freud nicht nur mit zwanghaften Einschränkungen gleichgesetzt, sondern birgt auch ersehnte Illusionen, so «wie wir es isoliert nur bei einer Amentia, einer glückseligen, halluzinatorischen Verworrenheit, finden».[24]

«Hindus sind Illusionen gegenüber sehr viel aufgeschlossener», setzt Freuds imaginärer Gesprächspartner die Diskussion fort. «Sie tendieren dazu, die Illusion mit einer gewissen Verspieltheit zu assoziieren und eher als hilfreiche denn als bösartige Täuschung zu betrachten. Wenn Sie einen orthodoxen Hindu nach dem Wesen der Welt befragen oder warum sie erschaffen wurde, würde die Antwort lauten, dass sie das Spiel (*leela*) Gottes sei. Die Welt als Illusion zu betrachten zeigt sich häufig in Mythen und Metaphern, die typische Formen der hinduistischen Weltanschauung sind. So zum Beispiel in einem Mythos über das göttliche Kind Krishna (eine Form von Vishnu) und seiner Mutter Yashoda: Eines Tages berichten Krishnas Spielkameraden seiner Mutter, dass ihr Sohn heimlich Erde gegessen habe. Yashoda schimpft ihr Kind aus, doch Krishna beteuert seine Unschuld. Mutter, sagt er, wenn du mir nicht glaubst, dann kannst du ja in meinen

Mund hineinschauen. Als die Mutter des Gottes dies tut, sieht sie das gesamte Universum in seinem kleinen Mund. Bewegungsloser Raum, die vier Himmelsrichtungen, die Erde mit ihren Bergen, Inseln und Ozeanen, Wind, Feuer, die Milchstraße mit Mond und Sternen, Wasser, Himmel, Götter, die fünf Elemente der Materie und die drei Eigenschaften der Schöpfung sind alle im Mund des Gottes Krishna. Auch sieht sie ihr eigenes Dorf und sich selbst. Yashoda ist verwirrt. Ist dies ein Traum oder eine von Gott gemachte Illusion? Oder ist es eine Irreführung ihres eigenen Geistes? Als er seine Mutter so verstört sieht, schließt Krishna seinen Mund. Sobald er das tut, sind die Erinnerungen an das, was sie darin gesehen hat, aus ihrem Gedächtnis gelöscht, und einmal mehr, im Griff der mütterlichen Illusion, ist er wieder ihr kleiner Junge.»[25]

Im vedischen Denken wird *maya* (gewöhnlich als «Illusion» übersetzt) als eine bestimmte schöpferische Macht der Götter verstanden, eine Macht, die später Magiern und Künstlern zugeschrieben wird und in gewissen Schulen indischer Philosophie auch jedem von uns, und zwar in jedem Moment des Lebens.[26] In der Psychoanalyse wird diese Gleichsetzung von Illusion mit Kreativität mit dem einflussreichen Werk von Donald Winnicott verbunden,[27] das vielen späteren Analytikern erlaubte, die Rolle der Illusion in den Religionen in einem nicht abwertenden, ja sogar positiven Licht zu betrachten.[28] Winnicott hätte sicherlich den Kopf über eine Anekdote Freuds geschüttelt, in der er die Sachlichkeit eines seiner Kinder bewunderte, das sich jedes Mal mit Geringschätzung von der Erzählung eines Märchens abwandte, wenn man ihm sagte, dass es keine wahre Geschichte sei.[29]

Es ist nicht so, dass Hindus die dunkle Seite der Illusion vollkommen leugnen. Die negativen Eigenschaften, die mit *maya* verbunden werden, fehlen im philosophischen Denken der Hindus und in den Volksvorstellungen nicht. Aufbauend auf der bedeutenden Arbeit der Indologin Wendy Doniger (mit dem wunderbaren Titel «Dreams, Illusions and Other Realities»), ließen sich die Hindu-Doktrinen der Illusion und die Art und Weise, wie sie die Haltung eines durchschnittlichen Hindus beeinflusst haben, folgendermaßen zusammenfassen: Das vedische Konzept der *maya* als eine Art künstlerisch-schöpferische Macht führte allmählich zu einer Umdeutung. Im späteren Hinduismus ist *maya* ambivalent. Sie steht einerseits für das schöpferische Potenzial der Götter, das göttliche Spiel (*leela*), und andererseits für Magie, Täuschung und Betrug. In beiden Fällen kann *maya* am ehesten als «Transformation» übersetzt werden.[30] Mit anderen Worten, einige indische Philosophieschulen betrachten *maya* überwiegend als positiv, etwas, dem man offen begegnen sollte, während andere mit Freuds Bewertung übereinstimmen würden und *maya* als etwas Negatives einschätzen, das es zu bekämpfen gilt. Beide Einstellungen bestehen im hinduistischen Denken nebeneinander. Wie aber ziehen Hindus eine Grenze zwischen Illusion und Realität? Weisen Hindus nicht die gesamte Existenz, die empirische Welt unserer Sinne, als *maya*, als Illusion zurück? Diese häufig anzutreffende Vorstellung davon, was ein Hindu über das Wesen der Welt glaubt, ist irreführend. So gab es beispielsweise auch die extremen, idealistischen Philosophen (hinduistische, allerdings mehr noch buddhistische), die der Vorherrschaft der Imagination einen ontologischen Status beimaßen. Die Ideen dieser Philosophen – Nagarjuna, Vasubandhu und andere – finden ein starkes Echo in den zeitgenössischen Ideen von Psychoanalytikern wie zum Beispiel Matte-Blanco, die der Auffassung sind, dass die Imagination Grundlage der Realität ist.[31] Aber natürlich glaubt der durchschnittliche Hindu nicht wirklich daran, dass «wir vom Stoff sind, aus dem die Träume sind».[32] Mit anderen Worten, «dass das Universum eine Illusion (*maya*) ist, heißt [für einen Hindu] nicht, dass es unwirklich ist; es heißt vielmehr, dass es nicht das ist, was es zu sein scheint, dass es etwas ist, das beständig im Entstehen ist. *Maya* täuscht nicht nur Menschen über Dinge, die sie zu kennen glauben; sie beschränkt sehr viel grundlegender ihr Wissen über Sachen, die epistemologisch und ontologisch zweitrangig sind».[33]

Hinduistische Theorien lösen die sehr harte Grenze zwischen Illusion und Realität auf, die Freud in der «Zukunft einer Illusion» zieht. Für einen Hindu gibt es viele verschiedene Formen von Realität: konkrete Erfahrung, mystische Visionen, Erinnerungen, Träume. Einige sind realer als andere. Wie Wendy Doniger weiter bemerkt, «müssten diese auf verschiedenen Punkten einer endlosen Linie angesetzt werden. Ein vergleichbarer, wenn auch anderer Bereich wahrgenommener Realitäten existiert im Westen, aber der traditionelle westliche Weg ist, alle Phänomene einander auf der grundlegenden polaren Opposition von hart und weich, wirklich und illusorisch zuzuordnen. Indien weigert sich, das zu tun.»[34] Selbst Karl Popper, einer der am stärksten der Empirie zugewandten Philosophen der Moderne, von dem man erwarten könnte, dass er mit Freuds Einstellungen zur Illusion und Realität sympathisiere, ist bei dieser Frage flexibler: «Realismus ist unentbehrlich für den gesunden Menschenverstand. Der gesunde Menschenverstand oder der aufgeklärte Menschenverstand unterscheidet zwischen Erscheinung und Realität. [...] Aber der gesunde Menschenverstand realisiert auch, dass Erscheinungen (beispielsweise eine Spiegelung in einer Glasscheibe) eine gewisse Realität haben; mit anderen Worten, dass es eine Oberflächenrealität geben kann, also eine Erscheinung, und eine tiefe Realität. Ferner gibt es viele verschiedene Formen realer Dinge.»[35]

◆

Wenn Freuds imaginärer Gesprächspartner darüber verunsichert wäre, wie der Meister auf die hinduistische Einstellung zur «Zukunft einer Illusion» reagiert hätte, könnte ich ihn, glaube ich, beruhigen. Freud war mit Sicherheit nicht dogmatisch. Wir wissen, dass er stets bereit war, seine Ansichten im Lichte neuer Erkenntnis zu verändern, und häufig ein strenger Kritiker seiner eigenen Gedanken und Arbeiten war, insbesondere wenn er sich außerhalb der klinischen Arbeit in die kulturelle Domäne wagte. «Wenn die Erfahrung – nicht mir, sondern anderen nach mir, die ebenso denken – zeigen sollte, dass wir uns geirrt haben, so werden wir auf unsere Erwartungen verzichten.»[36] Die «Zukunft einer Illusion» ist nicht unbedingt ein Irrtum, sondern enthält Teilwahrheiten, die nicht universalisiert werden können. Aus einer hinduistischen Perspektive liegt Freuds Hauptschwäche in seiner grundlegenden Prämisse – der Bedeutung, die er dem religiösen Glauben und den religiösen Ideen in seinem Bild vom religiösen Menschen zuschreibt. Der Hinduismus, dem dieser Aspekt der Religion zwar nicht gleichgültig ist, hält ihn auf jeden Fall für weniger relevant als das religiöse Erleben, ob nun im Ritual, in religiösen Zeremonien, auf Pilgerfahrten oder bei mystischen Erfahrungen. Für einen Hindu sind es diese fesselnden, transformierenden Momente in der religiösen Praxis, die den Kern der Religion bilden. Vielleicht hätte der Schriftsteller und Künstler in Freud mehr als der positivistische Wissenschaftler dem zugestimmt, denn er sagt, «in meinem Geiste gestalte ich ständig Romane»,[37] und «ich bin von meinem Wesen her eigentlich ein Künstler [...]. Meine Bücher ähneln tatsächlich stärker Arbeiten der Vorstellungskraft als wissenschaftlichen Abhandlungen der Pathologie.»[38]

Und was ist nun mit dem jungen Mann, der am Anfang dieses Essays «Die Zukunft einer Illusion» als einen unentbehrlichen Verbündeten in seinem Ringen begrüßte, die romantischen «Illusionen» seiner heimischen, indischen Vorstellungswelt über Bord zu werfen und vom Bereich des Mythos in den des Logos zu wechseln? Nun älter, hat er weiterhin Vertrauen in Freuds ironische Sichtweise der menschlichen Existenz, obgleich er inzwischen weit weniger von dem Handel gefesselt ist, den er eingegangen ist, als er jung war.

9

Geist und Psyche: Ein Nachwort

Um die Beziehung zwischen Geist und Psyche zusammenzufassen, muss ich nach einer Metapher greifen, die Körper, Geist und Psyche als zutiefst verwandte Einheiten versteht, mit unscharfen, ineinanderfließenden Grenzen. So stelle ich mir die Psyche als einen großen See vor. Die Wasser dieses Sees sind warm, aufgeheizt von den Energien der Sexualität, Aggression und vor allem vom Narzissmus, die von der ihn umgebenden Erde – dem Körper – in ihn hineinfließen und das Wasser in Unruhe halten. Kräuselnde Wellen können zu Wogen von beängstigender Größe werden. Am Grund des Sees fließt der kühle Strom des Geistes, seine Wasser werden genährt aus der unterirdischen Quelle der Verbindung – der liebenden Verbindung – und sind aufgrund der unterschiedlichen Temperatur beider von den oberen Schichten getrennt. Spirituelle Adepten tauchen häufig und tief in diesen Strom ein, obwohl es vermutlich keinen unter ihnen gibt, der nicht auch in den flacheren Bereichen des Sees verweilt und die Freuden, Leiden und Umstände unserer gemeinsamen Menschlichkeit teilt.

Wir gewöhnlichen Sterblichen sind jedoch auch nicht ganz von diesem spirituellen Strom abgeschnitten. Aufgrund der Unruhe des Lebens drängt das kühle Wasser der unteren Schichten oft in einem kleinen Rinnsal, selten als Flut an die Oberfläche. Dies sind wahrnehmbare Augenblicke der Hochstimmung, die man in der Natur, in Begeisterung vor einem

Kunstwerk oder in Momenten unaussprechlicher Vertrautheit erfährt, wenn zwei Körper sich nach der Liebe voneinander gelöst haben und Seite an Seite nebeneinanderliegen, sich aber noch nicht wie zwei getrennte Wesen fühlen. Es gibt viele weitere solche Momente, kleinere Ereignisse, die sich unserer bewussten Wahrnehmung entziehen, da wir erwarten, dass das Spirituelle eher eine Ausnahme als die Regel im menschlichen Leben ist.

Die spirituelle Suche – wenn man einmal von vereinzelten Menschen absieht, die ihren Blick auf die spirituellen Gipfel gerichtet haben – ist dann keine Suche, sondern ein Wiedererkennen der vielen Momente, in denen der Geist die Psyche berührt. Diese Berührung mag kaum bemerkt werden – als würden die Flügel eines Schmetterlings die Wange streifen. Es geht nicht um das Fangen und Festhalten des Schmetterlings, der in Gefangenschaft dahinsiechen und sterben würde. Die Herausforderung ist vielmehr, sich der spirituellen Momente im Alltag bewusst zu werden, während man durchs Leben reist – sich umzuschauen und mit dem unschuldigen Auge zu sehen. Es gibt eine Geschichte von einem Zen-Mönch, der viele Jahre in einer Höhle meditiert hatte. Als er alt wurde und den Tod nahen sah, äußerte er den Wunsch, das sagenhafte Tal der Blumen zu besuchen, von dem er in seiner Kindheit oft gehört hatte. «Es ist jenseits dieser Bergketten», wurde ihm gesagt. Der Mönch begann zu klettern, seinen Blick stets auf den Berggipfel gerichtet. Als er die Spitze der Bergkette erreicht hatte, fragte er einen anderen Mönch, der in die entgegengesetzte Richtung lief, wie weit das Tal der Blumen noch entfernt sei. «Schau hinter dich», antwortete ihm dieser. Als der Mönch sich umblickte, erkannte er, dass er das Tal der Blumen durchquert hatte, ohne es zu bemerken.

Von unschätzbarem Wert für das «Sehen» ist die Vorstellungskraft, die die Romantiker schon immer als Grundlage der Realität betrachtet haben. Kant begriff die Vorstellungskraft als Basis allen produktiven Wissens. Einstein stimmte dem zu mit seiner Bemerkung, dass er Künstler genug sei, um frei aus seiner Imagination zu schöpfen. «Die Imagination ist wichtiger als Wissen. Wissen ist begrenzt. Imagination kann die Welt umkreisen.»[1] Wir denken bei Vorstellungskraft gewöhnlich an die Fähigkeit, Bilder zu produzieren, obwohl die Fähigkeit, Zugang zu frühen Erinnerungen zu finden und sie auszuschmücken, von ähnlicher Bedeutung ist. Es ist tatsächlich oft eine komplexe und spielerische Verbindung beider Fertigkeiten, wenn der Imagination kühne Ideen entspringen. Wie wir heute wissen, wird der gleiche Gehirnteil aktiviert, wenn die Vergangenheit erinnert oder die Zukunft visualisiert wird.

Imagination, die uns in den Worten des Psychoanalytikers Gilbert Rose «jenseits nüchterner Sachlichkeit in einer weniger greifbaren Welt der Gefühle, Träume, Suggestionen und Eindrücke antreibt, in der es keine strenge Trennung zwischen Selbst und Nicht-Selbst gibt»,[2] ist kein Gegensatz, sondern eine Ergänzung zur Vernunft als Fähigkeit, klar zu denken. Selbst Keats, der eloquente Verfechter der Imagination, beschrieb als Ideal eine reibungslose Zusammenarbeit zwischen beiden, da ein wahrhaft komplexer Geist einer ist, der sowohl Vorstellungskraft besitzt als auch Vorsicht bewahrt gegenüber den Früchten der Imagination, es sich also um einen Geist handelt, der zum Teil aus Gefühlen und zum Teil aus Gedanken besteht.[3] Der Feind der Vorstellungskraft ist nicht der Verstand, sondern seine anmaßende, überkritische Ausprägung, die das Unlogische und Unvereinbare herabsetzt, der Spontaneität und Gefühle unterdrückt, das Poetische verbannt, sich alle Neigungen zu Symbolen und Metaphern versagt und dem Statistischen und Quantifizierbaren den Vorzug gibt. Wenn die pathologische Form der Imagination der Wahn ist, dann ist die des Verstandes die Zwanghaftigkeit.[4]

Keats ging allerdings über die Psychologie der Imagination, der Verdichtung, Verdrängung und Symbolik hinaus. Er begab sich in die spirituelle Dimension, indem er den Imaginationsprozess als Einheit zwischen dem Wissenden und dem Gewussten beleuchtete. In seiner einenden (*unitive*) Imagination schreibt er: «Sobald ich allein bin, sammeln sich Gestalten epischer Größe um mich» und «je nach Stimmungslage befinde ich mich mit Achilles im Schützengraben oder mit Theokrit in den Tälern Siziliens».[5] Während er *Madame Bovary* schrieb, vertraute Gustave Flaubert einem Freund an: «Es ist eine köstliche Angelegenheit zu schreiben, nicht länger man selbst zu sein, sondern sich in einem ganzen Universum seiner eigenen Schöpfung zu bewegen. Heute zum Beispiel, als Mann und Frau, sowohl Liebender als auch Geliebte, ritt ich an einem Herbstnachmittag unter gelben Blättern in einem Wald, und ich war auch die Pferde, die Blätter, der Wind, die Worte, die meine Figuren äußerten, sogar die rote Sonne, die sie ihre liebestrunkenen Augen schließen ließ.»[6]

Ich würde die spirituelle Dimension der Vorstellungskraft eher verbindend als einend nennen, wobei das Einende als ein Endpunkt der Skala betrachtet werden kann, der nur Individuen mit besonderer spiritueller Begabung zugänglich ist. Verbindende Vorstellungskraft ist nicht nur auf literarische Werke und Schöpfungen in der Malerei und Skulptur beschränkt, sondern ist das Wesen vieler religiöser Formen. Ich denke hierbei insbesondere an das tibetisch-buddhistische und hinduistische Tantra, bei dem die Visualisierung von Gottheiten bedeutend ist und die Vereinigung des Adepten mit den geistig imaginierten Formen als eine zentrale spirituelle Übung gilt. Ich möchte an dieser Stelle nur eine der vielen tantrischen Techniken (*nyasa*) erwähnen, mit der der Tantriker die Göttin visualisiert und sie dann in seine unterschiedlichen Körperteile introjiziert, indem er diese berührt. Die imaginierte Welt, die vom Tantriker erschaffen wird, ist nicht die persönliche des Künstlers (oder des Psychotikers), sondern ist etwas mit anderen Menschen Geteiltes und Öffentliches, indem es auf dem symbolischen Sinnzusammenhang seiner religiösen Kultur basiert, von ihr geleitet und geformt wird. Ein anderes Beispiel religiöser Praxis, in der sich verbindende Imagination zeigt, ist das tägliche *puja*-Ritual eines orthodoxen Hindus, der die verschiedenen Götter dazu bringt, in seinen unterschiedlichen Körperteilen Platz zu nehmen, bevor er mit seinen Gebeten beginnt. Eine große Anziehungskraft religiöser Praxis mag also in der Möglichkeit liegen, dass der Gläubige seine Kapazität verbindender Imagination freisetzen und zum Ausdruck bringen kann.

Verbindende Imagination ist somit nicht nur die Grundlage herausragender Kunst und wissenschaftlicher und philosophischer Visionen, sondern ist auch das zugrunde liegende Prinzip vieler religiöser Rituale und spiritueller Disziplinen. Vielleicht ist die Zeit gekommen, dass der verbindenden Imagination auch in den psychologischen Disziplinen, die sich mit der Wahrnehmung der Welt befassen, ernsthafte Aufmerksamkeit zuteilwird. Dies gilt insbesondere für die Psychotherapie, für die Empathie als verbindende Imagination eine einzigartige Möglichkeit ist, andere Menschen in ihrer Tiefe zu verstehen.

Danksagung

Mein größter Dank geht an meine Frau Katharina Kakar, die nicht nur eine Quelle der Unterstützung und Ermutigung ist, sondern aktiv an der Verbesserung der in diesem Buch präsentierten Ideen mitgewirkt hat. Ich danke auch meiner langjährigen Freundin Wendy Doniger, die sich die Zeit genommen hat, das Manuskript zu lesen und zu kommentieren. Einige der Essays, die für dieses Buch ausführlich überarbeitet wurden, waren ursprünglich als Vorträge konzipiert.

«Der Heilige und die Verführung: Die Legende des Drukpa Kunley» erschien im *Annual for Psychoanalysis*, Band 31, 2003.

«Gandhi oder Die Kunst der praktischen Spiritualität» wurde am 19. Juni 2007 als Vortrag der Reihe «Meister indischer Spiritualität» gehalten, veranstaltet von der Udo-Keller-Stiftung, Forum Humanum, in Neversdorf.

«Empathie in der Psychoanalyse und in der spirituellen Heilung» wurde erstmals am 1. November 2001 als Vortrag der Sigmund-Freud-Stiftung in Frankfurt a. M., gehalten. Eine überarbeitete Version wurde am 2. April 2002 als neunte Kardiner Award Lecture des Psychoanalytic Training and Research Institute der Columbia-Universität in New York gehalten und in der Zeitschrift *Journal of Analytical Psychology*, Band 48, 2003, publiziert.

«Der Nutzen von Ritualen» war der Einführungsvortrag der *International Conference on Ritual*, die vom 11. bis 14. Oktober 2006 in Neu-Delhi stattfand und von C. Brosius und

U. Huesken (Hrsg.), in *Ritual Matters*, Routledge Southasia, in Kürze veröffentlicht wird.

«Religion und Psyche: Freud lesen in Goa» wurde für die Monografiereihe *Contemporary Freud: Turning Points and Critical Issues* der Internationalen Psychoanalytischen Vereinigung vorbereitet und wird in Kürze von S. Akhtar (Hrsg.) in *On Freud's The Future of an Illusion*, (Yale University Press, New Haven), herausgegeben.

Anhang

Anmerkungen

1. Einleitung

1 Die Begriffe «romantisch» und «rationalistisch» werden hier beschreibend eingesetzt, ohne dass ihnen ein Werturteil anhaftet.

2 Siehe R. Schafer, «The Psychoanalytic Vision of Reality», in: *The International Journal of Psychoanalysis*, Band 51, 1970, S. 279–297.

3 Siehe D. Klugman, «Empathy's Romantic Dialectic», in: *Psychoanalytic Psychology*, Band 18, 2001, S. 684–704.

4 China war nie so romantisch wie beispielsweise Indien, was u. a. mit seiner konfuzianischen Tradition zusammenhängt.

5 C. Lindholm, «Culture and Authenticity», Malden, MA, Blackwell, 2008, S. 141/142.

6 Die Religionswissenschaftlerin Ursula King nennt dies «die globale Suche nach Spiritualität»; Vortrag auf der Konferenz «Emerging Images of Humanity», The Fetzer Institute und Eranos Foundation, Ascona, 5.–11. August 2007.

7 Vgl. Lindholm, 2008, *op. cit.*

2. Die Kindheit eines spirituell inkorrekten Gurus: Osho

1 Die Literatur zur Bewegung von Rajneesh ist breit gefächert. Sie schließt sowohl Berichte von Anhängern mit ein als auch von denjenigen, die mit ihm brachen, weiterhin Berichte von Soziologen und Religionswissenschaftlern. Zur letzteren Kategorie siehe insbesondere: H. B. Urban, «Zorba the Buddha: Capitalism, Charisma and the Cult of Rajneesh Shree Rajneesh», in: *Religion*, Band 26, 1991, S. 161–182; L. F. Carter, «The New Renunciates of the Rajneesh Shree Rajneesh: Observations and Identification of Problems of Interpreting New Religious Movements», in: *Journal for the Scientific Study of Religion*, Band 26(2), 1987, S. 148–172; C. Lindholm, «Charisma and Consciousness: The Case of the Rajneeshee», in: *Ethos*, Band 30(3), 2003, S. 1–19.

2 Zu den Bemerkungen über Gandhi siehe z. B. G. Feuerstein, «Holy

Madness: The Shock Tactics and Tactical Teachings of Crazy Wise Adepts, Holy Fools and Rascal Gurus», New York, Paragon House, 1991, S. 26; zu den Bemerkungen zu Mutter Teresa siehe B. Mullan, «Life as Laughter», London, Routledge, Kegan Paul, 1983, S. 25.

3 Ma Amrit Chinmayo, «Sex: Quotations from Rajneesh», Shree Rajneesh Foundation, Woodland Hills, CA, Lear Enterprises, 1981, S. 52.

4 Zitiert in Urban, 1991, S. 170.

5 Zitiert in Mullan, 1983, S. 43.

6 Zitat des Dalai Lama aus dem «Workshop on Buddhism», der vom 21. bis 23. Dezember 2006 in Neu-Delhi stattfand.

7 Eine Rajneesh nahestehende Schülerin beschreibt ihre Erfahrung der dynamischen Meditation: «Wild zu tanzen, davongetragen zu werden von dem pulsierenden Rhythmus der Musik und der Energie von Rajneeshs Gegenwart, explodierte es plötzlich in meinem oberen Kopf mit dem mächtigsten Orgasmus, den ich jemals erlebt habe. Es flutete alle Nischen meines Körpers; ich fiel zu Boden, Leute tanzten über und um mich. Man trat auf mich, stieß mich, es machte mir nichts aus. Ich war irgendwo anders. Ekstatisch, in Glückseligkeit.» Zitiert nach S. B. Franklin, «The Promise of Paradise», New York, Station Hill Press, 1992, S. 52.

8 Siehe Lindholm, 2003, S. 19/20.

9 Siehe Rajneesh, «Glimpses of a Golden Childhood», Rajneeshpuram, OR, Rajneesh Foundation International, 1985a, S. 664.

10 Siehe Rajneesh, «Books I Have Loved», Rajneeshpuram, OR, Rajneesh Foundation International, 1985b, S. 175.

11 Siehe Rajneesh, 1985a, S. 74/75.

12 Siehe Franklin, 1992, S. 279/325; siehe H. Milne, «Rajneesh, The God That Failed», New York, St. Martin's Press, 1987, S. 186.

13 Siehe W. James, «The Varieties of Religious Experience», New York, Touchstone, 1997 (1902), S. 37.

14 Siehe Swami Devgeet in seiner Einleitung zu Rajneesh, 1985a, keine Seitenangabe.

15 Wie der Psychoanalytiker und Theoretiker des Narzissmus, Heinz Kohut, gezeigt hat, kann «für jemanden mit einem Ich durchschnittlicher Begabung» die irreführende Anmaßung eines grandiosen Selbst zutiefst beeinträchtigend sein. Bei einer Person mit überdurchschnittlichen Begabungen ist es allerdings genau dieser Größenwahn, der seinen Ehrgeiz anspornt und ihn zu herausragenden Leistungen drängt. Siehe H. Kohut, «The Analysis of the Self», New York, International Universities Press, 1971, S. 108/109.

16 Siehe Rajneesh, 1985a, S. 15–18.

17 *Ibid.*, S. 77.

18 *Ibid.*, S. 45.

19 Siehe Osho (Rajneesh), «Autobiography of a Spiritually Incorrect Mystic», New York, St. Martin's Press, 2000, S. 20.

20 Siehe Rajneesh, 1985a, S. 106.

21 Siehe F. Nietzsche, «Jenseits von Gut und Böse», Insel Verlag, Frankfurt/M., 1984, Aphorismus 58, S. 67.

22 Siehe Rajneesh, 1985a, S. 8.

23 Siehe G. Moraitis, «The Ghost in the Biographer's Machine», in: J. A. Winer/J. W. Anderson (Hrsg.), *Psychoanalysis and History*, Hillsdale, NJ, Analytic Press, 2003, S. 105.

24 Siehe Rajneesh, 1985a, S. 20.

25 *Ibid.*, S. 8.

26 *Ibid.*, S. 11/12.

27 Siehe Osho, 2000, S. 20.

28 Siehe Rajneesh, 1985a, S. 60.

29 Siehe Osho, 2000, S. 6.

30 Siehe Rajneesh, 1985a, S. 37.

31 Siehe Osho, 2000, S. 9.

32 Siehe Rajneesh, 1985a, S. 52.

33 *Ibid.*, S. 126.

34 *Ibid.*, S. 83/84.

35 Siehe Santayana, «The Last Puritan», zitiert in M. Tolpin, «The Daedalus Experience: A Developmental Vicissitude of the Grandiose Fantasy», in: *Annual of Psychoanalysis*, Band 2, 1974, S. 216.

36 Siehe Rajneesh, 1985a, S. 265.

37 Siehe Rajneesh, 1985b, S. 116.

38 Siehe Rajneesh, 1985a, S. 88. Obwohl Rajneesh *karar* an dieser spezifischen Stelle als «Vertrauen» übersetzte, fand er später (S. 114), dass «leidenschaftliche Liebe» passender ist (der Ausdruck, der hier für *karar* benutzt wird).

39 *Ibid.*, S. 111.

40 Zitiert in der autorisierten Biografie von V. Joshi, «The Awakened One», San Francisco, Harper & Row, 1982, S. 22/23. In anderen Berichten von Rajneesh über dieses Ereignis ist der Großvater nicht im Koma, sondern sein Kopf liegt im Schoß des Jungen, während der Ochsenkarren dahinrattert und er dem Enkel lange philosophische Diskurse über Tod und Anhaftung hält. Siehe Rajneesh, 1985a, S. 79 ff.

41 Siehe J. B. Menes, «Children's Reactions to the Death of a Parent: A Review of the Psychoanalytic Literature», in: *Journal of the American Psychoanalytic Association*, Band 13, 1971, S. 697–719; siehe auch M. Wolfenstein, «How is Mourning Possible?», in: *The Psychoanalytic Study of the Child*, Band 21, 1966, S. 93–123.

42 Zitiert in Milne, 1987, S. 96. Siehe auch den bestätigenden Bericht von Joshi, 1982, S. 31.
43 Siehe F. Fitzgerald, «Rajneeshpuram-I.», in: *The New Yorker*, 22. September 1986, S. 86.
44 Zitiert in D. Aberbach, «Grief and Mysticism», in: *International Review of Psycho-Analysis*, Band 14, 1987, S. 509.
45 *Ibid.*, S. 509.
46 Siehe Joshi, 1982, S. 52/53.
47 Siehe H. Kohut, «Forms and Transformations of Narcissism», in: *Journal of the American Psychoanalytic Association*, Band 14, 1966, S. 243–272. Siehe auch Tolpin, 1974, S. 213–228.
48 Siehe Joshi, 1982, S. 51.
49 *Ibid.*, S. 61.

3. Der Heilige und die Verführung: Die Legende des Drukpa Kunley – 1. Teil

1 K. Dowman/S. Paljor, «The Divine Madman: The Sublime Life and Songs of Drukpa Kunley», Middletown, CA, The Dawn Horse Press, 1998.
2 *Ibid.*, S. 8/9.
3 *Ibid.*, S. 9.
4 *Ibid.*, S. 4.
5 *Ibid.*, S. 33.
6 *Ibid.*, S. XXVI.
7 Vgl. J. Gyatso, «Apparitions of the Self: The Secret Autobiographies of a Tibetan Visionary», Princeton, University Press, 1988, S. 111.
8 C. Trungpa, «Born in Tibet», London, Allen and Unwin, 1985, S. 53.
9 E. Torres, «A Perversion named Desire», in: *The International Journal of Psychoanalysis*, Band 72, S. 83.
10 Dowman/Paljor, 1998, S. 98.
11 Ein Donnerkeil oder *vajra* wird mit der Macht und Potenz *Indras*, des Königs der Hindu-Götter, gleichgesetzt, so wie auch mit Thor, dem Donnergott und gewaltigen Krieger der germanischen Mythologie.
12 Dowman/Paljor, 1998, S. 10.
13 *Ibid.*, S. 90/91.
14 *Ibid.*, S. 27.
15 Siehe E. H. Erikson, «Childhood and Society», New York, Norton, 1952.
16 A. Phillips, «On Flirtation», Cambridge, Mass., Harvard University Press, 1994, S. 22.
17 Dowman/Paljor, 1998, S. 9.
18 S. Kakar, «Maternal Enthrallment: Two Case Histories», in: ders., *Culture and Psyche*, Delhi, Oxford University Press, 1996, S. 74.

19 Swami Muktananda, «Play of Consciousness: A Spiritual Autobiography», South Fallsburg, NY, Syda Foundation, 1994.

20 *Ibid.*, S. 107.

21 *Ibid.*, S. 107/108.

22 *Ibid.*, S. 110/111.

23 *Ibid.*, S. 116/117.

24 *Ibid.*, S. 125.

25 S. Freud, «Eine Schwierigkeit der Psychoanalyse», GW, Band 12, 1917, S. 8–10.

26 A. Vergote, «Guilt and Desire», New Haven, Yale University Press, 1988, S. 174.

27 *Ibid.*, S. 182.

28 H. Kramer/J. Springer, «Malleus Maleficarum», London, Pushkin Press, 1952, S. 58.

29 B. Grunberger, «The Oedipal Conflict of the Analyst», in: *Psychoanalytic Quarterly*, Band 49, 1980, S. 606–630.

30 Muktananda, 1994, S. XIII.

31 *Ibid.*, S. XIII.

32 Siehe S. Caldwell, «The Heart of the Secret: A Personal and Scholarly Encounter with Shakta Tantrism in Siddha Yoga», in: *Nova Religio*, Band 5(1), 2001, S. 9–51.

33 S. Freud, «Mitteilung eines der psychoanalytischen Theorie widersprechenden Falles von Paranoia», in: GW, Band 10, 1915, S. 242.

34 J. Laplanche, «Seduction, Persecution, Revelation», in: *The International Journal of Psychoanalysis*, Band 76, 1995, S. 663–682.

35 *Ibid.*, S. 659/660.

36 *Ibid.*, S. 664.

37 Vgl. S. Kakar, «Clinical Work and Cultural Imagination», in: *Psychoanalytic Quarterly*, Band 64, 1995, S. 265–281.

38 Ich möchte die Aufmerksamkeit des Lesers an dieser Stelle auf eine weitere Mutter-Sohn-Szene lenken, die als zentral auf der spirituellen Reise eines Heiligen betrachtet werden kann. Ein Heiliger, der in Zeit und Raum weit von den hinduistischen und buddhistischen Heiligen, über die ich geschrieben habe, entfernt ist. Es handelt sich um eine Szene, in der Mutter und Sohn ein mystisches, ekstatisches Erlebnis miteinander teilen, das zwar nicht so offen sexuell ist wie die Beispiele, die im Text diskutiert wurden, die einen psychoanalytisch einfühlsamen Leser aber dennoch als leidenschaftlich sexuell, sogar orgiastisch in seinem Rhythmus, Fluss und seiner Vorstellungskraft ins Auge springen werden. Der Sohn ist der Heilige Augustinus mit seiner Mutter Monika und die Szene ist in der katholischen Mystik bekannt als «die Vision in Ostia», wo Mutter und Sohn gemeinsam an einem Fenster lehnen, das den Garten überblickt, und über das ewige Leben sprechen:

«Als aber der Tag in nächste Nähe gerückt war, an dem sie aus diesem Leben scheiden sollte – du kanntest ihn, während wir nichts davon wußten –, da hattest du, wie ich sicher glaube, durch deine geheimen Anordnungen es gefügt, daß wir beide, sie und ich, allein an ein Fenster gelehnt standen, welches auf den inneren Garten des Hauses blickte, das uns beherbergte. Es war bei Ostia an der Tiber, wo wir uns, der Menge entrückt, von den Anstrengungen der langen Reise für die Seefahrt erholen und stärken wollten. Überaus leiblich war unsere einsame Unterhaltung, da wir ‹vergaßen, was hinter uns lag, und uns ausstreckten nach dem, was vor uns lag›. In deiner Gegenwart, der du die Wahrheit bist, fragten wir uns, welcher Art vereint das ewige Leben der Heiligen sein werde, das da ‹sein Auge gesehen und sein Ohr gehört hat und das in seines Menschen Herz gedrungen ist›. Wir lechzten aber mit dem Munde unseres Geistes nach den Wassern von oben, strömend aus deiner Quelle, der ‹Quelle des Labens, die bei dir ist›, um von ihnen besprengt nach dem Maße unserer Fassungskraft einen so erhabenen Gegenstand, so gut es gehen mochte, zu betrachten.

Als nun die Rede dahin geführt hatte, daß uns seine durch die Sinne vermittelte Ergötzlichkeit, wie groß sie auch sein und in wie hellem Glanze irdischen Lichtes sie auch erstrahlen möge, neben den Freuden jenes Lebens der Vergleichung, ja selbst nur der Erwähnung wert erschien, da richteten wir in steigender Inbrunst unsere Herzen hin auf das ‹Seiende Selbst›, stufenweise durchwanderten wir die gesamte körperliche Welt und auch den Himmel, von dem aus Sonne, Mond und Sterne über der Erde leuchten. Und weiter aufsteigend, innerlich betrachtet und miteinander redend und deine Werte bewundernd, gelangten wir zu unserer Seele, aber wir schritten auch über sie hinaus, damit wir zu dem Lande unerschöpflicher Fruchtbarkeit gelangten, wo der Herr ewiglich Israel weidet auf den Gefilden der Wahrheit, wo Leben Bereinigung mit der Wahrheit ist, durch welche alles besteht, was ist und was war und was sein wird. Sie selbst aber wird nicht, sondern sie ist so, wie sie gewesen ist, und wird immer so sein, oder vielmehr es gibt in ihr ein Gewesensein und kein Werden, sondern nur ein Sein. Denn sie ist ewig, was aber Vergangenheit und Zukunft hat, ist nicht ewig. Und während wir von ihr redeten und danach verlangten, berührten wir sie leise in einer Verzückung des Herzens, und dann seufzten wir auf, ließen dort angeheftet die ‹Erstlinge des Geistes›, und kehrten zurück zu dem Geräusch der irdischen Sprache, zu den Worten, die Anfang und Ende haben.» (Augustinus, Bekenntnisse IX, 10)

4. Begehren und spirituelle Suche: Die Legende des Drukpa Kunley – 2. Teil

1 Dowman/Paljor, 1998, S. 10.

2 Die Diskussion über Sexualität im Buddhismus basiert auf Stephen Butterfields Beschreibungen in: ders., «The Double Mirror: A Skeptical Journey into Buddhist Tantra», Berkeley, North Atlantic Books, 1994, Kapitel 9.

3 Vgl. S. Kakar/J. Ross, «Über die Liebe und die Abgründe des Gefühls», München, C. H. Beck Verlag, 1986, S. 14/15.

4 St. Teresa of Avila, «The Way of Perfections», hrsg. von A. Peers, New York, Doubleday, 1964, S. 70/71.

5 Dowman/Paljor, 1998, S. 123/124.

6 K. Wheeler, «Toward a New Spiritual Ethic», in: *Nexus*, März/April 1994, www.cyberpass.net/truth, S. 1–7.

7 *Ibid.*, S. 5.

8 Butterfield, 1994, S. 194.

9 Dowman/Paljor, 1998, S. 67/68.

10 Phallus ist ein freudianischer Begriff, der historisch mit dem Penis verbunden ist, jedoch, um einen lacanianischen Begriff zu benutzen, ein *Signifikant* ist (ein «Zeichenmacher»), der potenziell auch auf andere Machtstrukturen übertragbar ist.

11 Für die Diskussion der oralen Bilder in der Odyssee siehe B. Simon, «The Hero as an Only Child: An Unconscious Fantasy Structuring Homer's Odyssey», in: *The International Journal of Psychoanalysis*, Band 55, 1974, S. 555–562.

12 Dowman/Paljor, 1998, S. 37/38.

13 *Ibid.*, S. 61.

14 *Ibid.*, S. 64.

15 *Ibid.*, S. 81.

16 *Ibid.*, S. 104.

17 *Ibid.*, S. 135.

18 *Ibid.*, S. 119.

19 *Ibid.*, S. 120.

20 *Ibid.*, S. 122.

21 J. S. Grotstein, «Wilfried R. Bion: The Man, the Psychoanalyst, the Mystic. A Perspective on His Life and Work», in: *Contemporary Psychoanalysis*, Band 17, 1981, S. 507.

22 Siehe Confessions, 1992, *op. cit.*, 3.6.

23 Siehe Plato, «Phaedrus», in J. M. Cooper (Hrsg.), *Plato: Complete Works*, Indianapolis, Hacket, 1997, S. 253d.

24 J. Mascaro (Hrsg.), «The Dhammapada», Hammondsworth, Penguin, 1973, Vers 326.

25 Swami Vivekananda, «The Yogas and Other Works», hrsg. von

S. Nikhilananda, New York, Ramakrishna-Vivekananda Center, 1953, S. 608/609.

5. Gandhi oder Die Kunst der praktischen Spiritualität

1 Siehe M. K. Gandhi, Gesammelte Werke: «The Collected Works of Mahatma Gandhi», New Delhi, Government of India, Publications Division, Band 43, 1999, S. 9. Im Folgenden wird diese Quelle mit CWMG bezeichnet.

2 *Ibid.*, S. 9.

3 M. K. Gandhi, «An Autobiography or the Story of My Experiments with Truth», Ahmedabad, Navjivan, 1927, S. XVI.

4 Vgl. CWMG, Band 34, 1999, S. 293.

5 E. H. Erikson, «Gandhi's Truth», New York, Norton, 1969.

6 CWMG, Band 55, 1999, S. 147.

7 Gandhi,1927, S. 207.

8 Saul Bellow, zitiert in: J. A. Knight, «The Spiritual as a Creative Force in the Person», in: *The Journal of the American Academy of Psychoanalysis*, Band 15, 1987, S. 365.

9 «Aate hain gharib se ye/mazami khyal mein/Ghalib saroor e kama/navaie sarosh hain», persönliche Mitteilung von Abid Hussain, Simla, September 2007.

10 Bellow, S. 368.

11 CWMG, Band 40, 1999, S. 14.

12 CWMG, Band 55, 1999, S. 147.

13 CWMG, Band 56, 1999, S. 286.

14 CWMG, Band 36, 1999, S. 5.

15 CWMG, Band 40, 1999, S. 1.

16 B. J. Seelig/L. S. Rosof, «Normal and Pathological Altruism», in: *Journal of the American Psychoanalytic Association*, Band 49, 2001, S. 933–959.

17 T. Singer, *et al.*, «Empathy for pain involves the affective but not the sensory components of pain», in: *Science*, Band 303, 2004, S. 1157–1162.

18 J. Haidt, «The Happiness Hypothesis», New York, Basic Books, 2005, S. 198.

19 F. Warnecken/M. Tomasello, «Altruistic Helping in Human Infants and Young Chimpanzees», in: *Science*, Band 311, 2006, S. 1301–1303.

20 CWMG, Band 19, 1999, S. 322.

21 CWMG, Band 43, 1999, S. 7.

22 CWMG, Band 63, 1999, S. 348.

23 CWMG, Band 43, 1999, S. 8.

24 R. F. Baumeister/C. Smart/J. M. Boden, «Relation of Threatened Egotism to Violence and Aggression: The Dark Side of High Self-

Esteem», in: *Psychological Review*, Band 103, 1996, S. 5–33. Siehe auch R. F. Baumeister, «Evil: Inside Human Cruelty and Violence», New York, Freeman, 1997.

25 M. Desai, «The Gita According to Gandhi», Ahmedabad, Navjivan, 1946, S. 125–134.

26 *Ibid.*, S. 131.

27 *Ibid.*, S. 132.

28 CWMG, Band 24, 1999, S. 411.

29 CWMG, Band 43, 1999, S. 9

30 Erikson, 1969, S. 412.

31 Siehe J. James, «The Origin of Consciousness in the Breakdown of the Bicameral Mind», New York, Mariner Books, 1990, S. 44.

32 CWMG, Band 70, 1999, S. 141.

33 CWMG, Band 55, 1999, S. 27.

34 S. Kakar, «Gandhi and Women», in: ders., *Intimate Relations*, New Delhi, Viking, 1986, S. 85–128.

35 N. Bose, «My Days with Gandhi», Calcutta, Nishana, 1953, S. 52.

36 CWMG, 1999, Band 94, S. 36.

37 *Ibid.*, S. 37.

38 Für eine Auseinandersetzung mit diesen Experimenten siehe E. Erikson, 1969, S. 404/405.

6. Empathie in der Psychoanalyse und in der spirituellen Heilung

1 Siehe auch H. R. Brickman, «The Psychoanalytic Cure and its Discontents: A Zen Buddhist Perspective on ‹Common Unhappiness› and the Polarized Self», in: *Psychoanalysis and Contemporary Thought*, Band 21, 1998, S. 3–32.

2 Einige von ihnen sind: J. W. Jones, «Contemporary Psychoanalysis and Religion», New Haven, Yale University Press, 1991; S. Kakar, «Schamanen, Mystiker und Ärzte», München, C. H. Beck Verlag, 2006 (1982); W. W. Meissner, «Psychoanalysis and Religious Experience», New Haven, Yale University Press, 1984; A.-M. Rizzuto, «The Birth of the Living God», Chicago, University of Chicago Press, 1970; A. Vergote, «Guilt and Desire», New Haven, Yale University Press, 1988.

3 A. Newberg *et al.*, «Why God Won't Go Away: Brain Science and the Biology of Belief», New York, Random House, 2001.

4 Siehe F. Alexander, «Buddhist Training as an Artificial Catatonia», in: *Psychoanalytic Review*, Band 18, 1931, S. 129–145; H. Fingarette, «Ego and Mythic Selflessness», in: *Psychoanalytic Review*, Band 45, 1958, S. 5–40; E. Jones, «The Nature of Auto-Suggestion», in: *Papers on Psycho-Analysis*, Boston, Beacon Press, 1961 (1923), S. 273–293; S. Freud, «Das Unbehagen in der Kultur», GW, Band 14, 1930;

J. M. Masson, «The Oceanic Feeling: The Origins of Religious Sentiment in Ancient India», Dordrecht, Reidel, 1980; N. Ross, «Affect as Cognition: With Observations on the Meaning of Mystical States», in: *International Review of Psycho-Analysis*, Band 2, 1975, S. 79–93.

5 Siehe Brickman, 1998, S. 3–32; M. Epstein, «Beyond the Oceanic Feeling», in: *International Review of Psycho-Aanalysis*, Band 17, 1990, S. 159–164; E. Fromm, «Psychoanalysis and Zen Buddhism», in: *Zen Buddhism and Psychoanalysis*, hrsg. von D. T. Suzuki/E. Fromm/R. De Martino, New York, Harper, 1960, S. 77–141; P. C. Horton, «The Mystical Experience: Substance of an Illusion», in: *Journal of the American Psychoanalytic Association*, Band 22, 1974, S. 364–380; P. C. Horton, »Language, Solace and Traditional Relatedness», in: *The Psychoanalytic Study of the Child*, Band 39, 1984, S. 167–194; W. W. Meissner, «Psychoanalysis and Religious Experience», New Haven, Yale University Press, 1994; M. Shafii, «Silence in Service of the Ego: Psychoanalytic Study of Meditation», in: *The International Journal of Psychoanalysis*, Band 45, 1973, S. 431–443; D. Werman, «Freud's Civilization and its Discontents: A Reappraisal», in: *Psychoanalytic Review*, Band 72, 1985, S. 239–254.

6 Sri Aurobindo, «Yogic Sadhan», in: *Sri Aurobindo Archives and Research*, Band 10(1),1986 (1911), S. 55–83.

7 M. Epstein, «Beyond the Oceanic Feeling», in: *International Review of Psycho-Analysis*, Band 17, 1990, S. 159–164.

8 Siehe S. Kakar, «Schamanen, Mystiker und Ärzte», München, C. H. Beck Verlag, 2006 (1982); S. Kakar/C. Clément, «Der Heilige und die Verrückte», München, C. H. Beck Verlag, 1993 (1991).

9 Siehe L. L. Hallstrom, «Mother of Bliss: Anandamayi Ma», Delhi, Oxford University Press, 1999, S. 116.

10 P. Jayakar, «J. Krishnamurti: A Biography», Delhi, Penguin, 1987, S. 211.

11 H. Kohut, «Introspection, Empathy and Psychoanalysis», in: *Journal of the American Psychoanalytic Association*, Band 7, 1959, S. 459–483; ders., «The Analysis of the Self», New York, International Universities Press, 1971; ders., «The Restoration of the Self», New York, International Universities Press, 1977; ders., «How Analysis Cures», Chicago, University of Chicago Press, 1984.

12 Vgl. M. Kalton, «Self Transformation in the Confucian Tradition», in: *Psychotherapy East and West*, Seoul, Korean Academy of Psychotherapists, 1995.

13 Siehe M. Agarwal, «Sai Ek, Roop Anek» (Sai ist Einer, aber seine Formen sind viele), Calcutta, Sri Satya Sai Book and Publications Trust, 2000, S. 54.

14 *Ibid.*, S. 116.

15 Siehe Kakar/Clément, 1993, Kapitel 3.

16 Swami Muktananda, «The Perfect Relationship», Ganeshpuri, Gurudev Siddha Vidyapeeth, 1983, S. 3.

17 Kakar/Clément, 1993, S. 213.

18 Agarwal, 2000, S. 72

19 W. James, «The Varieties of Religious Experience», New York, Touchstone, 1997 (1902), S. 102.

20 James, 1997, S. 176.

21 D. Nurbakhsh, «Sufism and Psychoanalysis», in: *International Journal of the Society of Psychiatrists*, Band 24, 1978, S. 208.

22 Siehe Agarwal, 2000, S. 7.

23 *Ibid.*, S. 28.

24 *Ibid.*, S. 29/30.

25 I. Grubrich-Simitis, «Six Letters of Sigmund Freud and Sándor Ferenczi on the Interrelationship of Psychoanalytic Theory and Technique», in: *International Review of Psycho-Analysis*, Band 13, 1986, S. 271.

26 G. Satran, «Some Limits and Hazards of Empathy», in: *Contemporary Psychoanalysis*, Band 27, 1991, S. 739.

27 S. Freud, «Psychoanalyse und Libidotheorie», GW, Band 13, 1923.

28 Vgl. A. Ehrenzweig, «The Undifferentiated Matrix of Artistic Identification», in: *The Psychoanalytic Study of Society*, Band 3, hrsg. von W. Muensterberger/S. Axelrad, New York, International Universities Press, 1964.

29 T. Ogden, «Reverie and Metaphor», in: *The International Journal of Psychoanalysis*, Band 78, 1997, S. 719–732.

30 *Ibid.*, S. 719.

31 P. Roazen, Einleitung in: H. Deutsch, «On Satisfaction, Happiness and Ecstasy», in: *The International Journal of Psychoanalysis*, Band 70, 1989, S. 715.

32 S. Freud, «Die Zukunft einer Illusion», Fischer Taschenbuch Verlag, 2005 (1927), S. 135.

33 H. Deutsch, «Okkulte Vorgänge während der Psychoanalyse», in: *Imago*, Band 12, 1926, S. 418–433.

34 C. Rycroft, «Review of G. Devereux, ed. Psychoanalysis and the Occult», in: *The International Journal of Psychoanalysis*, Band 35, 1954, S. 70/71.

35 S. Levy, «Empathy and Psychoanalytic Technique», in: *Journal of the American Psychoanalytic Association*, Band 33, 1985, S. 353–378.

36 Siehe Grubrich-Simitis, 1986, S. 272.

37 G. Pigman, «Freud and the History of Empathy», in: *The International Journal of Psychoanalysis*, Band 76, 1995, S. 237–256.

38 Levy, 1985, S. 356.

39 A. Reich, «Empathy and Countertransference», in: *Psychoanalytic Contributions*, New York, International Universities Press, 1973 (1966), S. 344–360.

40 R. Schafer, «Generative Empathy in the Treatment Situation», in: *Psychoanalytic Quarterly*, Band 28, 1959, S. 342.

41 Kohut, 1959, S. 459.

42 R. Greenson, «Empathy and its Vicissitudes», in: *The International Journal of Psycho-Analysis*, Band 41, 1960, S. 418.

43 T. Shapiro, «The Development and Distortions of Empathy», in: *Psychoanalytic Quarterly*, Band 43, 1974, S. 4–25; «Empathy: Its Nature and Limitations», in: *Journal of the American Psychoanalytic Association*, Band 30, 1981, S. 959–978; I. Moses, «The Misuse of Empathy in Psychoanalysis», in: *Contemporary Psychoanalysis*, Band 24, 1988, S. 577–594; D. Spence, «Discussion of I. Moses: The Misuse of Empathy in Psychoanalysis», in: *Contemporary Psychoanalysis*, Band 24, 1988, S. 594–598; R. Tuch, «Beyond Empathy: Concerning Certain Complexities in the Self Psychology Theory», in: *Psychoanalytic Quarterly*, Band 66, 1997, S. 259–282.

44 S. Freud, «Totem and Tabu», GW, Band 9, 1912.

45 Vgl. Satran, 1991, S. 739.

46 Vgl. Spence, 1988, S. 596.

47 Vgl. Satran, 1991, S. 739.

48 Vgl. Greenson, 1960, S. 420.

49 Mit Ausnahmen wie z. B. T. J. Jacobs, «Posture, Gesture and Movement in the Analyst: Cues to Interpretation and Countertransference», in: *Journal of the American Psychoanalytic Association*, Band 21, 1973, S. 72–92; ders., «Non-verbal Communications: Some Reflections on Their Role in the Psychoanalytic Process and Psychoanalytic Education», in: *Journal of the American Psychoanalytic Association*, Band 42, 1994, S. 741–762; ders., «When the Body Speaks: Psychoanalytic Meaning in Kinetic Clues», in: *Psychoanalytic Quarterly*, Band 64, 1995, S. 784–788.

50 R. Spitz, «No and Yes», New York, International Universities Press, 1957.

51 J. M. Ross, «The Fate of Relatives and Colleagues in the Aftermath of Boundary Violations», in: *Journal of the American Psychoanalytic Association*, Band 43, 1995, S. 959–961.

52 Vgl. Jayakar, 1987, S. 8.

53 Vgl. Swami Muktananda, 1983, S. 37.

54 Vgl. Brickman, 1998.

55 J. Keats, «Letters of John Keats», hrsg. von H. E. Rollins, Cambridge, Mass., Harvard University Press, 1958, S. 139.

56 S. Leavy, «John Keats' Psychology of Creative Imagination», in: *Psychoanalytic Quarterly*, Band 39, 1970, S. 173–197.

57 Vgl. Hallstrom, 1999, S. 98.

58 *Ibid.*, S. 26.

59 W. C. Chittick, «The Sufi Path of Love: The Spiritual Teachings of Rumi», Albany, SUNY Press, 1983, S. 145.

60 Vgl. Keats, 1958, S. 386/387.

61 W. R. Bion, «Notes on Memory and Desire», in: *Psychoanalytic Forum*, Band 2, 1967, S. 271–280.

62 Vgl. Sri Aurobindo, 1986.

63 J. S. Grotstein, «Wilfred R. Bion: The Man, the Psychoanalyst, the Mystic. A Perspective on his Life and Work», in: *Contemporary Psychoanalysis*, Band 17, 1981, S. 501–536.

64 S. Bolognini, «Empathy and the Unconscious», in: *Psychoanalytic Quarterly*, Band LXX, 2001, S. 447–471.

65 Erzählung des Dalai Lama während eines «Workshop on Buddhism», der vom 21. bis 23. Dezember 2006 in Neu-Delhi stattfand.

7. Der Nutzen von Ritualen

1 P. Ricœur, «Freud and Philosophy. An Essay in Interpretation», New Haven, Yale University Press, 1970, S. 33.

2 M. Douglas, «Purity and Danger», London, Routledge and Kegan Paul, 1966; R. Rapaport, «The Obvious Aspects of Ritual», in: *Ecology, Meaning and Religion*, Berkeley, CA, North Atlantic Books, 1979, S. 175–221.

3 Vgl. S. Kakar, «Schamanen, Mystiker und Ärzte», München, C. H. Beck Verlag, 2006 (1984), Kapitel 3 und 4.

4 Vgl. S. Caldwell, «Oh Terrifying Mother. Sexuality, Violence and Worship of the Goddess Kali», New York, Oxford University Press, 2001.

5 Vgl. W. B. Yeats, «The Collected Poems of W. B. Yeats», New York, Macmillan, 1956, S. 287.

6 Vgl. P. Ricœur, «The Symbol of Evil», New York, Harper and Row, 1969, S. 349.

8. Religion und Psyche: Freud lesen in Goa

1 S. Freud, «Die Zukunft einer Illusion», Frankfurt/M., Fischer Taschenbuch Verlag, 2005 (1927).

2 Vgl. F. Nietzsche, «Vom Nutzen und Nachteil der Historie für das Leben», Stuttgart, Klett Verlag, 2002 (1874).

3 Vgl. C. Taylor, «Philosophical Arguments», Cambridge, Mass., Harvard University Press, 1995, S. 70.

4 Für einige Ausnahmen siehe E. H. Erikson, «On the Nature of Psycho-Historical Evidence», in: ders., *Life History and the Historical Moment*, New York, Norton, 1975; R. Stolorow/G. Atwood, «Contexts of Being», Hillsdale, NJ, Analytic Press, 1992; R. Stolorow/D. Orange/G. Atwood, «World Horizons: A Post-Cartesian Alternative to the Freudian Unconscious», in: *Contemporary Psychoanalysis*, Band 37, 2001, S. 43–61.

5 Vgl. M. Heidegger, «Sein und Zeit», Tübingen, Max Niemeyer Verlag, 1986 (1927); H. G. Gadamer, «Wahrheit und Methode», Tübingen, J. C. B. Mohr Verlag, 1960; W. Dilthey, «The Types of World View and Their Development in Metaphysical Systems», in: ders., *Selected Writings*, hrsg. von H. P. Rickman, Cambridge, Cambridge University Press, 1976.

6 T. J. Zeddies, «Behind, Beneath, Above, and Beyond», in: *Journal of the American Academy of Psychoanalysis*, Band 30, 2002, S. 211–229.

7 Vgl. Freud, 2005, S. 111/112.

8 H. Loewald, «Review of The Freud/Jung Letters», in: *Psychoanalytic Quarterly*, Band 46, 1977, S. 514–527.

9 C. E. Schorske, «Fin-de-siècle Vienna: Politics and Culture», New York, Knopf, 1979; W. J. McGrath, «Freud's Discovery of Psychoanalysis», Ithaca, Cornell University Press, 1986; P. Gay, «Freud: A Life for Our Time», New York, Norton, 1988.

10 Vgl. O. Pfister, «The Illusion of a Future: A Friendly Disagreement with Prof. Sigmund Freud», in: *The International Journal of Psychoanalysis*, Band 74, 1993, S. 557–558.

11 Vgl. A.-M. Rizzuto, «Why Did Freud Reject God? A Psychodynamic Interpretation», New Haven, CT, Yale University Press, 1998; siehe auch M. Ostow, «A Godless Jew», in: *International Review of Psycho-Analysis*, Band 16, 1989, S. 119–121.

12 S. Freud, «Letter from Sigmund Freud to Sándor Ferenczi, October 23, 1927», in: *The Correspondence of Sigmund Freud and Sándor Ferenczi*, Band 3, 1920–1933, S. 375.

13 S. Freud, «Das Unbehagen in der Kultur», GW, Band 14, 1930, S. 74.

14 *Ibid.*, S. 74.

15 G. Flood, «An Introduction to Hinduism», Cambridge, Cambridge University Press, 1998, S. 199.

16 A. Michaels, «Der Hinduismus. Geschichte und Gegenwart», München, C. H. Beck Verlag, 1998, S. 17/18.

17 Freud, 2005, S. 120.

18 S. Radhakrishnan, «The Principal Upanishads», New Delhi, Harper Collins,1994, S. 235.

19 Vgl. S. Kakar, «Kindheit und Gesellschaft in Indien», Frankfurt/M., Nexus Verlag, 1988, S. 244–248.

20 *Ibid.*, S. 137.

21 W. Doniger ´(O'Flaherty), «Women, Androgynes and Other Mythical Beasts», Chicago, University of Chicago Press, 1980, S. 91.

22 Vgl. S. Kakar/C. Clément, «Der Heilige und die Verrückte», München, C. H. Beck Verlag, 1993 (1991), S. 130.

23 M. Foucault, «Archäologie des Wissens», Frankfurt/M., Suhrkamp, 1981.

24 Vgl. Freud, 2005, S. 146.

25 K. Subramaniam, «Srimad Bhagavatam», Bombay, Bharatiya Vidya Bhavan, 1988, S. 330/331.

26 Vgl. W. Doniger (O'Flaherty), «Dreams, Illusions and Other Realities», Chicago, University of Chicago Press, 1984, S. 118.

27 D. W. Winnicott, «Transitional Objects and Transitional Phenomena», in: ders., *Through Paediatrics to Psycho-Analysis*, New York, Basic Books, 1975 (1951), S. 229–242; ders., «Living Creatively. In Home Is Where We Start From», Harmondsworth, Pelican Books, 1986 (1970).

28 Vgl. W. W. Meissner, «Religious Thinking as Transitional Conceptualization», in: *Psychoanalytic Review*, Band 79, 1992, S. 175–196; P. Pruyser, «The Play of the Imagination: Toward a Psychoanalysis of Culture», New York, International Universities Press, 1983. A.-M. Rizzuto, «The Birth of the Living God: A Psychoanalytic Study», Chicago, University of Chicago Press, 1979.

29 Vgl. Freud, 2005, S. 132.

30 Vgl. Doniger (O'Flaherty), 1984, S. 118.

31 M. Arden, «Psychoanalysis and Survival», in: *The International Journal of Psychoanalysis*, Band 66, 1985, S. 471–480.

32 Vgl. W. Shakespeare, «Der Sturm», Berlin, Stroemfeld Verlag, 2005, Akt IV, 1,156/157.

33 Vgl. Doniger (O'Flaherty), 1984, S. 119.

34 Ibid., S. 126.

35 K. Popper, «Objective Knowledge: An Evolutionary Approach», Oxford, Oxford University Press, 1979, S. 37.

36 Vgl. Freud, 2005, S. 154.

37 P. Mahony, «Freud as a Writer», New York, International Universities Press, 1982, S. 11/12.

38 G. Papini, «A Visit to Freud», in: *Review of Existential Psychology and Psychiatry*, Band 9, 1969, S. 130–134.

9. Geist und Psyche: Ein Nachwort

1 A. Calaprice (Hrsg.), «The Expanded Quotable Einstein», Princeton, Princeton University Press, 2000, S. 10.

2 G. Rose, «Necessary Illusion: Art as Witness», Madison, Conn., International Universities Press, 1996, S. 58.

3 Vgl. S. A. Leavy, «John Keats' Psychology of Creative Imagination», in: *Psychoanalytic Quarterly*, Band 39, 1970, S. 176.

4 Ibid., S. 174.

5 Ibid., S. 178.

6 G. Flaubert, zitiert in A. Marguiles, «The Empathic Imagination», in: *The Journal of the American Academy of Psychoanalysis*, Band 21, 1993, S. 516.

Literatur

Aberbach, David, «Grief and Mysticism», in: *International Review of Psycho-Analysis*, Band 14, 1987, S. 509–526.

Agarwal, M., «Sai Ek, Roop Anek» (Sai ist Einer, aber seine Formen sind viele), Calcutta, Sri Satya Sai Book and Publications Trust, 2000.

Alexander, Franz, «Buddhist Training as an Artificial Catatonia», in: *Psychoanalytic Review*, Band 18, 1931, S. 129–145.

Arden, Margaret, «Psychoanalysis and Survival», in: *International Journal of Psychoanalysis*, Band 66, 1985, S. 471–480.

Baumeister, Roy F., «Evil: Inside Human Cruelty and Violence», New York, Freeman, 1997.

Baumeister Roy F./C. Smart/J. M. Boden, «Relation of Threatened Egotism to Violence and Aggression: The Dark Side of High Self-Esteem», in: *Psychological Review*, Band 103, 1996, S. 5–33.

Bellow, Saul, zitiert in: James A. Knight, «The Spiritual as a Creative Force in the Person», in: *The Journal of the American Academy of Psychoanalysis*, Band 15, 1987, S. 365–382.

Bion, Wilfried R., «Notes on Memory and Desire», in: *Psychoanalytic Forum*, Band 2, 1967, S. 271–280.

Bolognini, Stefano, «Empathy and the Unconscious», in: *Psychoanalytic Quarterly*, Band LXX, 2001, S. 447–471.

Bose, Nirmal, «My Days with Gandhi», Calcutta, Nishana, 1953.

Brickman, Harry R., «The Psychoanalytic Cure and its Discontents: A Zen Buddhist Perspective on ‹Common Unhappiness› and the Polarized Self», in: *Psychoanalysis and Contemporary Thought*, Band 21, 1998, S. 3–32.

Buie, Dan H., «Empathy: Its Nature and Limitations», in: *Journal of the American Psychoanalytic Association*, Band 30, 1981, S. 959–978.

Butterfield, Stephen, «The Double Mirror: A Skeptical Journey into Buddhist Tantra», Berkeley, North Atlantic Books, 1994.

Calaprice, Alice (Hrsg.), «The Expanded Quotable Einstein», Princeton, Princeton University Press, 2000.

Caldwell, Sarah, «Oh Terrifying Mother. Sexuality, Violence and Worship of the Goddess Kali», New York, Oxford University Press, 2001.

«The Heart of the Secret: A Personal and Scholarly Encounter with Shakta Tantrism in Siddha Yoga», in: *Nova Religio*, Band 5(1), 2001, S. 9–51.

Carter, *Lewis F.*, «The New Renunciates of the Rajneesh Shree Rajneesh: Observations and Identification of Problems of Interpreting New Religious Movements», in: *Journal for the Scientific Study of Religion*, Band 26(2), 1987, S. 148–172.

Chittick, *William C.*, «The Sufi Path of Love: The Spiritual Teachings of Rumi», Albany, SUNY Press, 1983.

Desai, *Mahadev*, «The Gita According to Gandhi», Ahmedabad, Navjivan, 1946.

Deutsch, *Helene*, «Okkulte Vorgänge während der Psychoanalyse», in: *Imago*, Band 12, 1926, S. 418–433.

Dilthey, *Wilhelm*, «The Types of World View and Their Development in Metaphysical Systems», in: ders., *Selected Writings*, hrsg. von H. P. Rickman, Cambridge, Cambridge University Press, 1976.

Doniger (O'Flaherty), *Wendy*, «Dreams, Illusions and Other Realities», Chicago, University of Chicago Press, 1984.

«Women, Androgynes and Other Mythical Beasts», Chicago, University of Chicago Press, 1980.

Douglas, *Mary*, «Purity and Danger», London, Routledge and Kegan Paul, 1966. Deutsch: Reinheit und Gefährdung. Berlin 1985.

Dowman, *Keith/Sonam Paljor*, «The Divine Madman: The Sublime Life and Songs of Drukpa Kunley», Middletown, CA, The Dawn Horse Press, 1998. Deutsch: Der heilige Narr. Das liederliche Leben und die lästerlichen Gesänge des tantrischen Meisters Drupka Kunley. München 1982.

Ehrenzweig, *Anton*, «The Undifferentiated Matrix of Artistic Identification», in: *The Psychoanalytic Study of Society*, Band 3, hrsg. von W. Muensterberger/S. Axelrad, New York, International University Press, 1964.

Epstein, *Mark*, «Beyond the Oceanic Feeling», in: *International Review of Psycho-Analysis*, Band 17, 1990, S. 159–164.

Erikson, *Erik H.*, «Childhood and Society», New York, Norton, 1952. Deutsch: Kindheit und Gesellschaft. Stuttgart 2005.

«Gandhi's Truth», New York, Norton, 1969.

«On the Nature of Psycho-Historical Evidence», in: ders., *Life History and the Historical Moment*, New York, Norton, 1975.

Flood, *Gavin*, «An Introduction to Hinduism», Cambridge, Cambridge University Press, 1998.

Feuerstein, *Georg*, «Holy Madness: The Shock Tactics and Tactical Teachings of Crazy Wise Adepts, Holy Fools and Rascal Gurus», New York, Paragon House, 1991.

Fingarette, *Herbert*, «Ego and Mythic Selflessness», in: *Psychoanalytic Review*, Band 45, 1958, S. 5–40.

Fitzgerald, Frances, «Rajneeshpuram-I.», in: *The New Yorker*, 22. September 1986, S. 46–96.

Flaubert, Gustave, zitiert in: Alfred Marguiles, «The Empathic Imagination», in: *The Journal of the American Academy of Psychoanalysis*, Band 21, 1993, S. 513–524.

Foucault, Michel, «Archäologie des Wissens», Frankfurt a. M., Suhrkamp, 1981.

Franklin, Satya B., «The Promise of Paradise», New York, Station Hill Press, 1992.

Freud, Sigmund, «Eine Schwierigkeit der Psychoanalyse», GW, Band 12, 1917.
«Mitteilung eines der psychoanalytischen Theorie widersprechenden Falles von Paranoia», GW, Band 10, 1915.
«Totem und Tabu», GW, Band 9, 1912.
«Psychoanalyse und Libidotheorie», GW, Band 13, 1923.
«Die Zukunft einer Illusion», Frankfurt a. M., 2005 (1927), Fischer Taschenbuch Verlag.
«Das Unbehagen in der Kultur», GW, Band 14, 1930.
«Psychoanalyse und Telepathie», GW, Band 17, 1941.
«Massenpsychologie und Ich-Analyse»/»Die Zukunft einer Illusion», Frankfurt a. M., Fischer Taschenbuch Verlag, 2005 (1927).
«Letter from Sigmund Freud to Sándor Ferenczi, October 23, 1927», in: *The Correspondence of Sigmund Freud and Sándor Ferenczi*, Band 3, 1920–1933.

Fromm, Erich, «Psychoanalysis and Zen Buddhism», in: *Zen Buddhism and Psychoanalysis*, hrsg. von D. T. Suzuki/E. Fromm/R. De Martino, New York, Harper, 1960, S. 77–141. Deutsch: Zen-Buddhismus und Psychoanalyse. München 1963.

Gadamer, Hans G., «Wahrheit und Methode», Tübingen, J. C. B. Mohr Verlag, 1960.

Gandhi, Mohandas K., «An Autobiography or the Story of My Experiments with Truth», Ahmedabad, Navjivan, 1927. Deutsch: Autobiografie oder Die Geschichte meiner Experimente mit der Wahrheit. 1977.
CD seiner gesammelten Werke: «The Collected Works of Mahatma Gandhi» (CWMG), New Delhi, Government of India, Publications Division, 1999, Band 19, 24, 34, 36, 40, 43, 55, 56, 63, 70 und 94.

Gay, Peter, «Freud: A Life for Our Time», New York, Norton, 1988. Deutsch: Freud. Eine Biographie für unsere Zeit. Frankfurt a. M. 2000.

Greenson, Ralph, «Empathy and its Vicissitudes», in: *International Journal of Psychoanalysis*, Band 41, 1960, S. 418–424.

Grotstein, James S., «Wilfried R. Bion: The Man, the Psychoanalyst, the Mystic. A Perspective on His Life and Work», in: *Contemporary Psychoanalysis*, Band 17, 1981, S. 501–536.

Grubrich-Simitis, Ilse, «Six Letters of Sigmund Freud and Sándor Ferenczi on the Interrelationship of Psychoanalytic Theory and Technique», in: *International Review of Psycho-Analysis*, Band 13, 1986, S. 259–277.

Grunberger, Béla, «The Oedipal Conflict of the Analyst», in: *Psychoanalytic Quarterly*, Band 49, 1980, S. 606–630.

Gyatso, Janet, «Apparitions of the Self: The Secret Autobiographies of a Tibetan Visionary», Princeton, University Press, 1988.

Haidt, Jonathan, «The Happiness Hypothesis», New York, Basic Books, 2005. Deutsch: Die Glückshypothese: Was uns wirklich glücklich macht. Kirchzarten 2007.

Hallstrom, Lisa L., «Mother of Bliss: Anandamayi Ma», Delhi, Oxford University Press,1999.

Heidegger, Martin, «Sein und Zeit», Tübingen, Max Niemeyer Verlag, 1986 (1927).

Horton, Paul C., «The Mystical Experience: Substance of an Illusion», in: *Journal of the American Psychoanalytic Association*, Band 22, 1974, S. 364–380.

«Language, Solace and Traditional Relatedness», in: *The Psychoanalytic Study of the Child*, Band 39, 1984, S. 167–194.

Jacobs, Theodore J., «Posture, Gesture and Movement in the Analyst: Cues to Interpretation and Countertransference», in: *Journal of the American Psychoanalytic Association*, Band 21, 1973, S. 72–92.

«Non-verbal Communications: Some Reflections on their Role in the Psychoanalytic Process and Psychoanalytic Deucation», in: *Journal of the American Psychoanalytic Association*, Band 42, 1994, S. 741–762.

«When the Body Speaks: Psychoanalytic Meaning in Kinetic Clues», in: *Psychoanalytic Quarterly*, Band 64, 1995, S. 784–788.

James, Julian, «The Origin of Consciousness in the Breakdown of the Bicameral Mind», New York, Mariner Books, 1990.

James, William, «The Varieties of Religious Experience», New York, Touchstone, 1997 (1902). Deutsch: Religiöse Erfahrung in ihrer Mannigfaltigkeit. Leipzig 1907.

Jayakar, Pupul, «J. Krishnamurti: A Biography», Delhi, Penguin, 1987. Deutsch: Krishnamurti. Leben und Lehre. Freiburg 1988.

Jones, Ernst, «The Nature of Auto-Suggestion», in: *Papers on Psychoanalysis*, Boston, Beacon Press,1961 (1923), S. 273–293.

Jones, James W., «Contemporary Psychoanalysis and Religion», New Haven, Yale University Press, 1991.

Joshi, Vasant, «The Awakened One», San Francisco, Harper & Row, 1982.

Kakar, Sudhir, «Gandhi and Women», in: ders., *Intimate Relations*, New Delhi, Viking, 1986, S. 85–128.

«Kindheit und Gesellschaft in Indien», Frankfurt a. M., Nexus Verlag, 1988.

«Schamanen, Mystiker und Ärzte», München, C. H. Beck Verlag, 2006 (1984).
«Maternal Enthrallment: Two Case Histories», in: ders., *Culture and Psyche*, Delhi, Oxford University Press, 1996, S. 74–87.
«Clinical Work and Cultural Imagination», in: *Psychoanalytic Quarterly*, Band 64, 1995, S. 265–281.
Kakar, Sudhir/Catherine Clément, «Der Heilige und die Verrückte», München, C. H. Beck Verlag, 1993 (1991).
Kakar, Sudhir/John Ross, «Über die Liebe und die Abgründe des Gefühls», München, C. H. Beck Verlag, 1986.
Kalton, Michael, «Self transformation in the Confucian Tradition», in: *Psychotherapy East and West*, Seoul, Korean Academy of Psychotherapists, 1995.
Keats, John, «Letters of John Keats», hrsg. von H. E. Rollins, Cambridge, Mass., Harvard University Press, 1958.
Klugman, David, «Empathy's Romantic Dialectic», in: *Psychoanalytic Psychology*, Band 18, 2001, S. 684–704.
Kohut, Heinz, «The Analysis of the Self», New York, International University Press, 1971.
«Forms and Transformations of Narcissism», in: *Journal of the American Psychoanalytic Association*, Band 14, 1966, S. 243–272.
«Introspection, Empathy and Psychoanalysis», in: *Journal of the American Psychoanalytic Association*, Band 7, 1959, S. 459–483.
«The Restoration of the Self», New York, International Universities Press, 1977. Deutsch: Heilung des Selbst. Frankfurt a. M., 1986.
«How Analysis Cures», Chicago, University of Chicago Press, 1984.
Kramer, Heinrich/James Springer, «Malleus Maleficarum», London, Pushkin Press, 1952. Deutsch: Heinrich Kramer (Institoris), *Der Hexenhammer. Malleus Maleficarum*, neu aus dem Lateinischen übertragen von Wolfgang Behringer, Günter Jerouschek und Werner Tschacher. Hrsg. und eingeleitet von Günter Jerouschek und Wolfgang Behringer, München 2000.
Laplanche, Jean, «Seduction, Persecution, Revelation», in: *The International Journal of Psychoanalysis*, Band 76, 1995, S. 663–682.
Leavy, Stanley, «John Keats' Psychology of Creative Imagination», in: *Psychoanalytic Quarterly*, Band 39, 1970, S. 173–197.
Levy, Steven, «Empathy and Psychoanalytic Technique», in: *Journal of the American Psychoanalytic Association*, Band 33, 1985, S. 353–378.
Lindholm, Charles, «Charisma and Consciousness: The Case of the Rajneeshee», in: *Ethos*, Band 30(3), 2003, S. 1–19.
«Culture and Authenticity», Malden, MA., Blackwell, 2008.
Loewald, Hans, «Review of The Freud/Jung Letters», in: *Psychoanalytic Quarterly*, Band 46, 1977, S. 514–527.
Mahony, Patrick, «Freud as a Writer», New York, International University

Press, 1982. Deutsch: Schriftsteller Sigmund Freud. Frankfurt a. M. 1989.

Mascaro, Juan (Hrsg.), «The Dhammapada», Hammondsworth, Penguin, 1973.

Masson, J. Moussaieff, «The Oceanic Feeling: The Origins of Religious Sentiment in Ancient India», Dordrecht, Reidel, 1980.

McGrath, William J., «Freud's Discovery of Psychoanalysis», Ithaca, Cornell University Press, 1986.

Meissner, William W., «Psychoanalysis and Religious Experience», New Haven, Yale University Press, 1994.

«Religious Thinking as Transitional Conceptualization», in: *Psychoanalytic Review*, Band 79, 1992, S. 175–196.

Menes, Jill Barbara, «Children's Reactions to the Death of a Parent: A Review of the Psychoanalytic Literature», in: *Journal of the American Psychoanalytic Association*, Band 13, 1971, S. 697–719.

Michaels, Axel, «Der Hinduismus. Geschichte und Gegenwart», München, C. H. Beck Verlag, 1998.

Milne, Hugh, «Rajneesh, The God That Failed», New York, St. Martin's Press, 1987.

Moraitis, George, «The Ghost in the Biographer's Machine», in: J. A. Winer/ J. W. Anderson (Hrsg.) *Psychoanalysis and History*, Hillsdale, NJ, Analytic Press, 2003, S. 97–106.

Moses, Ira, «The Misuse of Empathy in Psychoanalysis», in: *Contemporary Psychoanalysis*, Band 24, 1988, S. 577–594.

Muktananda, Swami, «Play of Consciousness: A Spiritual Autobiography», South Fallsburg, NY, Syda Foundation, 1994. Deutsch: Spiel des Bewußtseins. Freiburg 1975.

«The Perfect Relationship», Ganeshpuri, Gurudev Siddha Vidyapeeth, 1983.

Mullan, Bob, «Life as Laughter», London, Routledge, Kegan Paul, 1983.

Newberg, Andrew et al., «Why God Won't Go Away: Brain Science and the Biology of Belief», New York, Random House, 2001. Deutsch: Der gedachte Gott. Wie Glaube im Gehirn entsteht. München/Zürich 2003.

Nietzsche, Friedrich, «Jenseits von Gut und Böse», Insel Verlag, Frankfurt/M., 1984.

«Vom Nutzen und Nachteil der Historie für das Leben», Stuttgart, Klett Verlag, 2002 (1874).

Nurbakhsh, D., «Sufism and Psychoanalysis», in: *International Journal of the Society of Psychiatrists*, Band 24, 1978.

Ogden, Thomas, «Reverie and Metaphor», in: *The International Journal of Psychoanalysis*, Band 78, 1997, S. 719–732.

Osho (Rajneesh), «Autobiography of a Spiritually Incorrect Mystic», New York, St. Martin's Press, 2000.

Ostow, Mortimer, «A Godless Jew», in: *International Review of Psycho-Analysis*, Band 16, 1989, S. 119–121.

Papini, Gianni, «A Visit to Freud», in: *Review of Existential Psychology and Psychiatry*, Band 9, 1969, S. 130–134.

Pfister, Oskar, «The Illusion of a Future: A Friendly Disagreement with Prof. Sigmund Freud», in: *International Journal of Psychoanalysis*, Band 74, 1993, S. 557–558.

Phillips, Adam, «On Flirtation», Cambridge, Mass., Harvard University Press, 1994.

Pigman, George, «Freud and the History of Empathy», in: *The International Journal of Psychoanalysis*, Band 76, 1995, S. 237–256.

Plato, «Phaedrus», in J. M. Cooper (Hrsg.), *Plato: Complete Works*, Indianapolis, Hacket, 1997. Deutsch: *Platon: Sämtliche Dialoge*. Hrsg. von Otto Apelt, unveränderter Nachdruck der Ausgabe von 1920/22, 7 Bände. Meiner, Hamburg 2004.

Popper, Karl, «Objective Knowledge: An Evolutionary Approach», Oxford, Oxford University Press, 1979. Deutsch: Objektive Erkenntnis. Ein evolutionärer Entwurf. Hamburg 1998.

Pruyser, Paul, «The Play of the Imagination: Toward a Psychoanalysis of Culture», New York, International Universities Press, 1983.

Radhakrishnan, Sarvapalli, «The Principal Upanishads», New Delhi, Harper Collins, 1994.

Rajneesh, «Glimpses of a Golden Childhood», Rajneeshpuram, OR, Rajneesh Foundation International, 1985a.

«Books I Have Loved», Rajneeshpuram, OR, Rajneesh Foundation International, 1985b.

Siehe auch unter Osho.

Rapaport, Roy, «The Obvious Aspects of Ritual», in: *Ecology, Meaning and Religion*, Berkeley, CA, North Atlantic Books, 1979, S. 175–221.

Reich, Annie, «Empathy and Countertransference», in: *Psychoanalytic Contributions*, New York, International Universities Press, 1973 (1966), S. 344–360.

Ricœur, Paul, «The Symbol of Evil», New York, Harper and Row, 1969.

«Freud and Philosophy. An Essay in Interpretation», New Haven, Yale University Press, 1970.

Rizzuto, Ana-Maria, «The Birth of the Living God: A Psychoanalytic Study», Chicago, University of Chicago Press, 1979.

«Why Did Freud Reject God? A Psychodynamic Interpretation», New Haven, CT, Yale University Press, 1998.

Roazen, Paul, Einleitung in: H. Deutsch, «On Satisfaction, Happiness and Ecstasy», in: *The International Journal of Psychoanalysis*, Band 70, 1989, S. 715–723.

Rose, Gilbert, «Necessary Illusion: Art as Witness», Madison, Conn., International Universities Press, 1996.

Ross, *John M.*, «The Fate of Relatives and Colleagues in the Aftermath of Boundary Violations», in: *Journal of the American Psychoanalytic Association*, Band 43, 1995, S. 959–961.

Ross, *Nathaniel*, «Affect as Cognition: With Observations on the Meaning of Mystical States», in: *International Review of Psycho-Analysis*, Band 2, 1975, S. 79–93.

Rycroft, *Charles*, «Review of G. Devereux» (Hrsg), in: «Psychoanalysis and the Occult», in: *The International Journal of Psychoanalysis*, Band 35, 1954, S. 70/71.

Satran, *George*, «Some Limits and Hazards of Empathy», in: *Contemporary Psychoanalysis*, Band 27, 1991, S. 737–747.

Schafer, *Roy*, «The Psychoanalytic Vision of Reality», in: *The International Journal of Psychoanalysis*, Band 51, 1970, S. 279–297.
«Generative Empathy in the Treatment Situation», in: *Psychoanalytic Quarterly*, Band 28, 1959, S. 342–373.

Schorske, *Carl E.*, «Fin-de-siècle Vienna: Politics and Culture», New York, Knopf, 1979. Deutsch: Wien. Geist und Gesellschaft im Fin de Si``ecle. München 1994.

Seelig, *Beth J./Lisa S. Rosof*, «Normal and Pathological Altruism», in: *Journal of the American Psychoanalytic Association*, Band 49, 2001, S. 933–959.

Shafii, *Mohammad*, «Silence in Service of the Ego: Psychoanalytic Study of Meditation», in: *The International Journal of Psychoanalysis*, Band 45, 1973, S. 431–443.

Shakespeare, *William*, «Der Sturm», Berlin, Stroemfeld Verlag, 2005.

Shapiro, *Theodore*, «The Development and Distortions of Empathy», in: *Psychoanalytic Quarterly*, Band 43, 1974, S. 4–25.

Simon, *Bennett*, «The Hero as an Only Child: An Unconscious Fantasy Structuring Homer's Odyssey», in: *The International Journal of Psychoanalysis*, Band 55, 1974, S. 555–562.

Singer, *Tania et al.*, «Empathy for pain involves the affective but not the sensory components of pain», in: *Science*, Band 303, 2004, S. 1157–1162.

Spence, *Donald*, «Discussion of I. Moses: The Misuse of Empathy in Psychoanalysis», in: *Contemporary Psychoanalysis*, Band 24, 1988, S. 594–598.

Spitz, *Rene*, «No and Yes», New York, International Universities Press, 1957. Deutsch: Nein und Ja. Die Ursprünge der menschlichen Kommunikation. Stuttgart 1970.

Sri *Aurobindo*, «Yogic Sadhan», in: *Sri Aurobindo Archives and Research*, Band 10(1), 1986 (1911), S. 55–83.

Stolorow, *Robert/George Atwood*, «Contexts of Being», Hillsdale, NJ, Analytic Press, 1992.

Stolorow, *Robert/Donna Orange/George Atwood*, «World Horizons: A Post-Cartesian Alternative to the Freudian Unconscious», in: *Contemporary Psychoanalysis*, Band 37, 2001, S. 43–61.

St. Teresa of Avila, «The Way of Perfections», hrsg. von A. Peers, New York, Doubleday, 1964. Deutsch: Gesammelte Werke: Weg der Vollkommenheit. Freiburg 2003.

Subramaniam, Kamala, «Srimad Bhagavatam», Bombay, Bharatiya Vidya Bhavan, 1988.

Swami Vivekananda, «The Yogas and Other Works», hrsg. von S. Nikhilananda, New York, Ramakrishna-Vivekananda Center, 1953.

Taylor, Charles, «Philosophical Arguments», Cambridge, Mass., Harvard University Press, 1995.

Tolpin, Marian, «The Daedalus Experience: A Developmental Vicissitude of the Grandiose Fantasy», in: *Annual of Psycho-Analysis*, Band 2, 1974, S. 213–228.

Torres, Enrique, «A Perversion Named Desire», in: *The International Journal of Psychoanalysis*, Band 72, 1991, S. 73–92.

Trungpa, Chögyam, «Born in Tibet», London, Allen and Unwin,1985.

Tuch, Richard, «Beyond Empathy: Concerning Certain Complexities in the Self Psychology Theory», in: *Psychoanalytic Quarterly*, Band 66, 1997, S. 259–282.

Urban, Hugh B., «Zorba the Buddha: Capitalism, Charisma and the Cult of Rajneesh Shree Rajneesh», in: *Religion*, Band 26, 1991, S. 161–182.

Vergote, Antoine, «Guilt and Desire», New Haven, Yale University Press, 1988.

Warnecken, Felix/Michael Tomasello, «Altruistic Helping in Human Infants and Young Chimpanzees», in: *Science*, Band 311, 2006, S. 1301–1303.

Werman, David, «Freud's Civilization and its Discontents: A Reappraisal», in: *Psychoanalytic Review*, Band 72, 1985, S. 239–254.

Wheeler, Kate, «Toward a New Spiritual Ethic», in: *Nexus*, März/April, 1994, www.cyberpass.net/truth, S. 1–7.

Winnicott, Donald W., «Transitional Objects and Transitional Phenomena», in: ders., *Through Paediatrics to Psycho-Analysis*, New York, Basic Books, 1975 (1951), S. 229–242.

«Living Creatively. In Home Is Where We Start From», Harmondsworth, Pelican Books, 1986 (1970).

Wolfenstein, Martha, «How is Mourning Possible?», in: *The Psychoanalytic Study of the Child*, Band 21, 1966, S. 93–123.

Yeats, William B., «The Collected Poems of W. B. Yeats», New York, Macmillan, 1956. Deutsch: Die Gedichte. Übertragen von Marcel Beyer, Mirko Bonne u. a., München 2005.

Zeddies, Timothy J., «Behind, Beneath, Above, and Beyond», in: *Journal of the American Academy of Psychoanalysis*, Band 30, 2002, S. 211–229.

Aus dem
Verlagsprogramm

Sudhir Kakar bei C.H.Beck

Die Frau, die Gandhi liebte
Aus dem Englischen von Karl-Heinz Siber
2005. 287 Seiten mit 1 Frontispiz. Gebunden

Kamasutra oder die Kunst des Begehrens
Roman
Aus dem Englischen von Nathalie Lemmens
4. Auflage. 2003. 358 Seiten. Gebunden

Der Mystiker oder Die Kunst der Ekstase
Roman
Aus dem Englischen von Nathalie Lemmens
2001. 269 Seiten. Gebunden

Schamanen, Mystiker und Ärzte
Wie die Inder die Seele heilen
Aus dem Englischen von Holger Fliessbach
1. Überarbeitete Auflage. 2006. 339 Seiten mit 1 Abbildung.
Paperback
Beck'sche Reihe Band 1708

Sudhir Kakar/Katharina Kakar
Die Inder
Porträt einer Gesellschaft
3. Auflage. 2006. 208 Seiten. Gebunden

Liebe aus Indien
Moderne Erzählungen, hrsg. von Sudhir Kakar
Aus dem Englischen von Claudia Arlinghaus
2006. 278 Seiten. Gebunden

Verlag C.H.Beck München